www.ingramcontent.com/pod-product-compliance
Lightning Source LLC
LaVergne TN
LVHW010620070526
838199LV00063BA/5220
* 9 7 8 9 3 5 8 7 2 6 4 0 4 *

قرآن مجید میں بعض خواتین کا تذکرہ

حافظ ریاض حسین نجفی

© Hafiz Riaz Hussain Najafi
Quran Majeed mein baaz Khawateen ka tazkara
by: Hafiz Riaz Hussain Najafi
Edition: March '2024
Publisher :
Taemeer Publications LLC (Michigan, USA / Hyderabad, India)

ISBN 978-93-5872-640-4

مصنف یا ناشر کی پیشگی اجازت کے بغیر اس کتاب کا کوئی بھی حصہ کسی بھی شکل میں بشمول ویب سائٹ پر اَپ لوڈنگ کے لیے استعمال نہ کیا جائے۔ نیز اس کتاب پر کسی بھی قسم کے تنازع کو نمٹانے کا اختیار صرف حیدرآباد (تلنگانہ) کی عدلیہ کو ہو گا۔

© حافظ ریاض حسین نجفی

کتاب	:	قرآن مجید میں بعض خواتین کا تذکرہ
مصنف	:	حافظ ریاض حسین نجفی
پروف ریڈنگ / تدوین	:	اعجاز عبید
صنف	:	مذہب
ناشر	:	تعمیر پبلی کیشنز (حیدرآباد، انڈیا)
سالِ اشاعت	:	۲۰۲۴ء
صفحات	:	۵۲
سرورق ڈیزائن	:	تعمیر ویب ڈیزائن

فہرست

(۱)	جناب حوا	6
(۲)	زوجہ حضرت نوح علیہ السلام	8
(۳)	زوجہ حضرت لوط	10
(۴)	زوجہ حضرت ابراہیم	12
(۵)	حضرت زلیخا (اور یوسف)	18
(۶)	زوجہ حضرت ایوب	23
(۷)	آسیہ زوجہ فرعون	26
(۸)	دختر جناب شعیبؑ	30
(۹)	حضرت مریم	34
(۱۰)	ازواج نبی اعظم	38
(۱۱)	حضرت فاطمۃ الزہراء	46

جناب حوا

ابو البشر حضرت آدم علیہ السلام کی زوجہ محترمہ، ام البشر جناب حوا، آدم علیہ السلام کی (تخلیق سے) بچی ہوئی مٹی سے پیدا ہوئیں۔ جیسا کہ ارشاد رب العزت ہے:

وَخَلَقَ مِنۡهَا زَوۡجَهَا۔ "اور اس کا جوڑا اسی کی جنس سے پیدا کیا۔" (نساء:۱)

وَمِنۡ آيَاتِهِ اَنۡ خَلَقَ لَكُمۡ مِّنۡ اَنۡفُسِكُمۡ اَزۡوَاجًا لِّتَسۡكُنُوۡا اِلَيۡهَا۔ "اس کی نشانیوں میں سے ایک نشانی یہ ہے کہ اس نے تمہارا جوڑا تمہیں سے پیدا کیا تا کہ تمہیں اس سے سکون حاصل ہو۔" (روم:۲۱)

وَاللّٰهُ جَعَلَ لَكُمۡ مِّنۡ اَنۡفُسِكُمۡ اَزۡوَاجًا۔ "اللہ نے تمہارے لئے تمہاری جنس سے بیویاں بنائیں۔" (نحل:۷۲)

تمہاری ہی مٹی سے پیدا ہونے والی عورت تمہاری طرح کی انسان ہے، جب ماں باپ ایک ہیں تو پھر خیالی اور وہمی امتیاز و افتخار کیوں؟ اکثر آیات میں آدم اور حوا اکٹھے مذکور ہوئے ہیں، پریشانی کے اسباب کے تذکرہ میں بھی دونوں کا ذکر باہم ہوا ہے۔ دو آیات میں صرف آدم کا ذکر کر کے واضح کیا گیا ہے کہ اے انسان کسی معاملہ میں حوا کو مورد الزام نہ ٹھہرانا، وہ تو شریک سفر اور شریک زوج تھی۔

وَلَقَدۡ عَهِدۡنَا اِلٰٓى آدَمَ مِنۡ قَبۡلُ فَنَسِىَ وَلَمۡ نَجِدۡ لَهٗ عَزۡمًا۔ "اور ہم نے پہلے ہی آدم سے عہد لے لیا تھا لیکن وہ اس میں پر عزم نہ رہے۔" (طہ:۱۱۵)

قَالَ یَا آدَمُ ہَلْ اَدُلُّکَ عَلٰی شَجَرَۃِ الْخُلْدِ وَمُلْکٍ لَّا یَبْلٰی۔ "ابلیس نے کہا اے آدم! کیا میں تمہیں اس ہمیشگی کے درخت اور لازوال سلطنت کے بارے میں نہ بتاؤں۔ (طٰہٰ:۱۲۵)

آپ لوگوں نے ملاحظہ کیا کہ ان آیات میں حضرت حوا شریک نہیں ہیں اور تمام امور کی نسبت حضرت آدم ہی کی طرف ہے۔

زوجہ حضرت نوح علیہ السلام

حضرت نوح علیہ السلام پہلے نبی ہیں جو شریعت لے کر آئے جیسا کہ ارشاد رب العزت ہے: شَرَعَ لَکُمْ مِّنَ الدِّیْنِ مَا وَصّٰی بِہٖ نُوْحًا وَّالَّذِیْٓ اَوْحَیْنَآ اِلَیْکَ۔ "اللہ نے تمہارے دین کا دستور معین کیا جس کا نوح کو حکم دیا گیا اور جس کی آپ کی طرف وحی کی۔" (شوریٰ:۱۳) حضرت نوح علیہ السلام نے ۹۵۰ سال تبلیغ کی۔ ارشاد رب العزت ہے: وَلَقَدْ اَرْسَلْنَا نُوْحًا اِلٰی قَوْمِہٖ فَلَبِثَ فِیْھِمْ اَلْفَ سَنَۃٍ اِلَّا خَمْسِیْنَ عَامًا "بتحقیق ہم نے نوح کو ان کی قوم کی طرف بھیجا وہ ان کے درمیان ۵۰ سال کم ایک ہزار سال رہے۔" (عنکبوت:۱۴) حضرت نوح کو کشتی بنانے کا حکم ہوا۔ وَاصْنَعِ الْفُلْکَ بِاَعْیُنِنَا وَوَحْیِنَا۔ "اور ہماری نگرانی میں اور ہمارے حکم سے کشتی بنائیں اور حکم ہوا کہ اللہ کے حکم سے کشتی کو بناؤ۔" (ہود:۳۷) وَقَالَ ارْکَبُوْا فِیْھَا بِسْمِ اللّٰہِ مَجْرٖھَا وَمُرْسٰھَا ط اِنَّ رَبِّیْ لَغَفُوْرٌ رَّحِیْمٌ وَھِیَ تَجْرِیْ بِھِمْ فِیْ مَوْجٍ کَالْجِبَالِ۔ "اور نوح نے کہا کہ کشتی میں سوار ہو جاؤ اللہ کے نام سے اس کا چلنا اور ٹھہرنا ہے بتحقیق میرا رب بخشنے والا اور رحم کرنے والا ہے اور کشتی انہیں لے کر پہاڑ جیسی موجوں میں چلنے لگی۔ (ہود:۴۲۔۴۱) حضرت نوح نے اپنے بیٹے سے کشتی میں سوار ہونے کیلئے کہا اس نے (اور زوجہ نوح نے) انکار کیا اور کہا میں پہاڑ پر چڑھ جاؤں گا اور محفوظ رہوں گا۔ جیسا کہ ارشاد رب العزت ہے:

یٰبُنَیَّ ارْکَبْ مَّعَنَا وَلَا تَکُنْ مَّعَ الْکٰفِرِیْنَ قَالَ سَاٰوِیْٓ اِلٰی جَبَلٍ یَّعْصِمُنِیْ مِنَ الْمَآءِ ط قَالَ لَا عَاصِمَ الْیَوْمَ مِنْ اَمْرِ اللّٰہِ اِلَّا مَنْ رَّحِمَ وَحَالَ بَیْنَھُمَا الْمَوْجُ فَکَانَ مِنَ الْمُغْرَقِیْنَ۔

"نوح نے اپنے بیٹے سے کہا ہمارے ساتھ سوار ہو جاؤ اور کافروں کے ساتھ نہ رہو اس نے کہا میں پہاڑ کی پناہ لوں گا وہ مجھے پانی سے بچالے گا۔ نوح۔ نے کہا آج اللہ کے عذاب سے بچانے والا کوئی نہیں مگر جس پر اللہ رحم کرے پھر دونوں کے درمیان موج حائل ہو گئی اور وہ ڈوبنے والوں میں سے ہو گیا۔ (ہود:۴۳۔۴۲) اور کشتی کوہ جودی پر پہنچ کر ٹھہر گئی۔ جیسا کہ ارشاد رب العزت ہے:

وَقِيلَ يَا أَرْضُ ابْلَعِي مَائَكِ وَيَا سَمَاءُ أَقْلِعِي وَغِيضَ الْمَاءُ وَقُضِيَ الْأَمْرُ وَاسْتَوَتْ عَلَى الْجُودِيِّ وَقِيلَ بُعْدًا لِلْقَوْمِ الظَّالِمِينَ۔

"اور کہا گیا اے زمین اپنا پانی نگل لے اور اے آسمان تھم جا۔ اور پانی خشک کر ہو گیا اور کام تمام ہو گیا اور کشتی کوہ جودی پر ٹھہر گئی اور ظالموں پر نفرین ہو گئی۔ (ہود:۴۴) کشتی ہی بچاؤ کا واحد کا ذریعہ تھی۔ قرآن مجید نے حضرت نوح۔ کی زوجہ کو خیانت کار قرار دیا ہے نبی کی بیوی ہونے کے باوجود جہنم کی مستحق بن گئی۔ ارشاد رب العزت ہے:

ضَرَبَ اللهُ مَثَلًا لِلَّذِينَ كَفَرُوا امْرَأَةَ نُوحٍ وَامْرَأَةَ لُوطٍ كَانَتَا تَحْتَ عَبْدَيْنِ مِنْ عِبَادِنَا صَالِحَيْنِ فَخَانَتَاهُمَا فَلَمْ يُغْنِيَا عَنْهُمَا مِنَ اللهِ شَيْئًا وَقِيلَ ادْخُلَا النَّارَ مَعَ الدَّاخِلِينَ

"خدا نے کفر اختیار کرنے والوں کیلئے زوجہ نوح اور زوجہ لوط کی مثال دی ہے یہ دونوں ہمارے نیک بندوں کی زوجیت میں تھیں لیکن ان سے خیانت کی تو اس زوجیت نے خدا کی بارگاہ ان کو میں کوئی فائدہ نہ پہنچایا اور ان کیلئے کہہ دیا گیا کہ جہنم میں داخل ہونے والوں کے ساتھ تم دونوں بھی داخل ہو جاؤ۔ (تحریم:۱۰) اپنا عمل ہی کامیابی کا ضامن ہے رشتہ داری حتی نبی کا بیٹا ہونا کچھ بھی فائدہ نہیں دے گا۔

زوجہ حضرت لوط

حضرت لوط، حضرت ابراہیم کے بھتیجے تھے ان کی قوم سب کے سامنے کھلم کھلا برائی میں مشغول رہتی۔ لواطت ان کا محبوب مشغلہ تھا۔ پتھروں کی بارش سے انہیں تباہ کر دیا گیا۔ حضرت لوط۔ کی زوجہ بھی تباہ ہونے والوں میں سے تھی جیسا کہ ارشاد رب العزت ہے:

وَلُوطًا إِذْ قَالَ لِقَوْمِهِ أَتَأْتُونَ الْفَاحِشَةَ وَأَنتُمْ تُبْصِرُونَ أَئِنَّكُمْ لَتَأْتُونَ الرِّجَالَ شَهْوَةً مِّن دُونِ النِّسَاءِ بَلْ أَنتُمْ قَوْمٌ تَجْهَلُونَ فَمَا كَانَ جَوَابَ قَوْمِهِ إِلَّا أَن قَالُوا أَخْرِجُوا آلَ لُوطٍ مِّن قَرْيَتِكُمْ إِنَّهُمْ أُنَاسٌ يَتَطَهَّرُونَ فَأَنجَيْنَاهُ وَأَهْلَهُ إِلَّا امْرَأَتَهُ قَدَّرْنَاهَا مِنَ الْغَابِرِينَ وَأَمْطَرْنَا عَلَيْهِم مَّطَرًا فَسَاءَ مَطَرُ الْمُنذَرِينَ

"اور لوط کو یاد کرو جب انہوں نے اپنی قوم سے کہا تم آنکھیں رکھتے ہوئے بدکاری کا ارتکاب کر رہے ہو کیا تم لوگ شہوت کی وجہ سے مردوں سے تعلق پیدا کر رہے ہو اور عورتوں کو چھوڑے جا رہے ہو در حقیقت تم بالکل جاہل لوگ ہو۔ تو ان کی قوم کا کوئی جواب نہ تھا سوائے اس کے کہ لوط کے خاندان کو اپنی بستی سے باہر نکال دو کہ یہ لوگ بہت پاک باز بن رہے ہیں تو لوط اور ان کے خاندان والوں کو بھی (زوجہ کے علاوہ) نجات دے دی اس (زوجہ) کو ہم نے پیچھے رہ جانے والوں میں قرار دیا تھا اور ہم نے ان پر عجیب قسم کی بارش کر دی کہ جس سے ان لوگوں کو ڈرایا گیا تھا ان پر (پتھروں) کی بارش بہت بری طرح برسی۔" (نمل، ۵۴ تا ۵۵) حضرت لوط کی زوجہ خیانت کار نکلی اور عذاب میں

مبتلا ہوئی جیسا کہ حضرت نوح۔ کی زوجہ کا حال ہوا جیسا کہ ارشاد رب العزت ہے۔

ضَرَبَ اللہ مَثَلاً لِلَّذِیۡنَ کَفَرُوا امۡرَ اَۃَ نُوۡحٍ وَّ اِمۡرَ اَۃَ لُوۡطٍ

"خدا نے کفر اختیار کرنے والوں کیلئے زوجہ نوح اور زوجہ لوط کی مثال دی ہے۔"

(تحریم:۱۰)زوجہ نوح کی طرح زوجہ لوط بھی ہلاک ہوگئی۔

زوجہ حضرت ابراہیم

حضرت ابراہیم خلیل اللہ عظیم شخصیت کے مالک ہیں انہیں جدّالانبیاء سے تعبیر کیا گیا ہے اور تمام ادیان ان کی عظمت پر متفق ہیں۔ حضرت ابراہیم کی قوم بت پرست تھی دلائل وبراہین کے ساتھ انہیں سمجھایا پھر ان کے بتوں کو توڑا تو بت شکن کہلائے۔ ان کو آگ میں ڈالا گیا تو وہ گلزار بن گئی۔ خواب کی بنا پر بیٹے کو ذبح کرنا چاہا تو اس کا فدیہ ذبح عظیم فدیہ کہلایا۔ ابراہیم خانہ کعبہ کی تعمیر کی اور مکہ کی سرزمین کو آباد کیا۔ ہمارا دین، دین ابراہیم سے موسوم ہوا۔ ان کی بت شکنی کے متعلق ارشاد رب العزت ہو رہا ہے:

وَتَاللّٰہِ لَاَکِیۡدَنَّ اَصۡنَامَکُمۡ بَعۡدَ اَنۡ تُوَلُّوۡا مُدۡبِرِیۡنَ فَجَعَلَہُمۡ جُذٰذًا اِلَّا کَبِیۡرًا لَّہُمۡ لَعَلَّہُمۡ اِلَیۡہِ یَرۡجِعُوۡنَ قَالُوۡۤا ءَاَنۡتَ فَعَلۡتَ ہٰذَا بِاٰلِہَتِنَا یٰۤاِبۡرٰہِیۡمُ قَالَ بَلۡ فَعَلَہٗ ۖ کَبِیۡرُہُمۡ ہٰذَا فَسۡـَٔلُوۡہُمۡ اِنۡ کَانُوۡا یَنۡطِقُوۡنَ۔ فَرَجَعُوۡۤا اِلٰۤی اَنۡفُسِہِمۡ فَقَالُوۡۤا اِنَّکُمۡ اَنۡتُمُ الظّٰلِمُوۡنَ ثُمَّ نُکِسُوۡا عَلٰی رُءُوۡسِہِمۡ لَقَدۡ عَلِمۡتَ مَا ہٰۤؤُلَآءِ یَنۡطِقُوۡنَ۔

"اور اللہ کی قسم جب تم پیٹھ پھیر کر چلے جاؤ گے تو میں تمہارے ان بتوں کی خبر لینے کی ضرور تدبیر سوچوں گا چنانچہ حضرت ابراہیم نے ان بتوں کو ریزہ ریزہ کر دیا سوائے ان کے بڑے (بت) کے تاکہ وہ اس کی طرف رجوع کریں۔ (انبیاء ۵۸،۵۷) کہا اے ابراہیم! کیا ہمارے ان بتوں کا یہ حال تم نے کیا ہے؟ ابراہیم نے کہا بلکہ ان کے اس بڑے (بت) نے ایسا کیا ہے تم ان سے پوچھ لو اگر یہ بولتے ہیں (یہ سن کر) وہ ضمیر کی طرف پلٹے اور دل ہی دل میں کہنے لگے حقیقتاً تم خود ہی ظالم ہو پھر انہوں نے اپنے سروں کو جھکا دیا اور

(ابراہیم سے) کہا تم جانتے ہو کہ یہ نہیں بولتے۔ (انبیاء۔ ۶۲ تا ۶۵) نمرود کے حکم سے اتنی آگ روشن کی گئی کہ اس کے اوپر سے پرندہ نہیں گزر سکتا تھا۔ پھر ابراہیم کو گوپھن میں رکھ کر آگ میں ڈال دیا گیا۔ مزید ارشاد فرمایا:

قَالُوا حَرِّقُوهُ وَانصُرُوا آلِهَتَكُمْ إِن كُنتُمْ فَاعِلِينَ قُلْنَا يَا نَارُ كُونِي بَرْدًا وَسَلَامًا عَلَىٰ إِبْرَاهِيمَ۔

"وہ کہنے لگے اگر تم کو کچھ کرنا ہے تو اسے جلا دو اور اپنے خداؤں کی نصرت کرو۔ ہم نے کہا اے آگ تو ٹھنڈی ہو جا اور ابراہیم کیلئے سلامتی بن جا۔" (انبیاء:68-69)

ابراہیم و نمرود کا مباحثہ

أَلَمْ تَرَ إِلَى الَّذِي حَاجَّ إِبْرَاهِيمَ فِي رَبِّهِ أَنْ آتَاهُ اللَّهُ الْمُلْكَ إِذْ قَالَ إِبْرَاهِيمُ رَبِّيَ الَّذِي يُحْيِي وَيُمِيتُ قَالَ أَنَا أُحْيِي وَأُمِيتُ قَالَ إِبْرَاهِيمُ فَإِنَّ اللَّهَ يَأْتِي بِالشَّمْسِ مِنَ الْمَشْرِقِ فَأْتِ بِهَا مِنَ الْمَغْرِبِ فَبُهِتَ الَّذِي كَفَرَ وَاللَّهُ لَا يَهْدِي الْقَوْمَ الظَّالِمِينَ۔

"کیا تم نے اس شخص کا حال نہیں دیکھا جس نے ابراہیم سے ان کے رب کے بارے میں اس بناء پر جھگڑا کیا کہ اللہ نے اسے اقتدار دے رکھا تھا جب ابراہیم نے کہا میرا رب وہ ہے جو زندہ کرتا ہے اور موت دیتا ہے تو اس نے کہا زندگی اور موت دینا میرے اختیار میں بھی ہے ابراہیم نے کہا اللہ تو سورج کو مشرق سے نکالتا ہے تو اسے مغرب سے نکال کے دکھا! یہ سن کر وہ کافر مبہوت ہو کر رہ گیا اور اللہ ظالموں کی راہنمائی نہیں کرتا۔" (بقرہ:۲۵۸) حضرت ابراہیم اسماعیل اور ہاجرہ کو مکہ چھوڑ آئے تو ارشاد فرمایا:

رَبَّنَا إِنِّي أَسْكَنتُ مِن ذُرِّيَّتِي بِوَادٍ غَيْرِ ذِي زَرْعٍ۔

"اے ہمارے پروردگار! میں نے اپنی اولاد میں سے بعض کو تیرے محترم گھر کے نزدیک ایک بنجر وادی میں بسایا ہے۔" (ابراہیم:۳۷) خواب کی وجہ سے اسماعیل کا ذبح

ارشاد رب العزت ہے:

قَالَ یَا بُنَیَّ اِنِّیۡ اَرٰی فِی الۡمَنَامِ اَنِّیۡ اَذۡبَحُکَ فَانۡظُرۡ مَاذَا تَرٰی قَالَ یَا اَبَتِ افۡعَلۡ مَا تُؤۡمَرُ سَتَجِدُنِیۡۤ اِنۡ شَآءَ اللّٰہُ مِنَ الصّٰبِرِیۡنَ فَلَمَّاۤ اَسۡلَمَا وَ تَلَّہٗ لِلۡجَبِیۡنِ وَ نَادَیۡنٰہُ اَنۡ یّٰۤاِبۡرٰہِیۡمُ قَدۡ صَدَّقۡتَ الرُّءۡیَا اِنَّا کَذٰلِکَ نَجۡزِی الۡمُحۡسِنِیۡنَ اِنَّ ہٰذَا لَہُوَ الۡبَلٰٓـؤُا الۡمُبِیۡنُ وَ فَدَیۡنٰہُ بِذِبۡحٍ عَظِیۡمٍ۔ "

ابراہیم نے کہا اے بیٹا! میں نے خواب میں دیکھا ہے کہ میں تجھے ذبح کر رہا ہوں پس دیکھ لو تمہاری کیا رائے ہے اسماعیل نے کہا اے ابا جان! آپ کو جو حکم ملا ہے اسے انجام دیں اللہ نے چاہا تو آپ مجھے صبر کرنے والوں میں پائیں گے۔ پس جب دونوں نے حکم خدا کو تسلیم کیا اور باپ نے بیٹے کو ماتھے کے بل لٹایا تو ہم نے ندا دی اے ابراہیم! تو نے خواب کو سچ کر دکھایا ہے۔ بیشک ہم نیکوکاروں کو ایسے ہی جزا دیتے ہیں۔ یقیناً یہ بڑا سخت امتحان تھا۔ ہم نے ایک عظیم قربانی سے اس کا فدیہ دیا۔

حضرت ابراہیم و اسماعیل اور تعمیر کعبہ

ارشاد رب العزت ہے:

وَ اِذۡ یَرۡفَعُ اِبۡرٰہٖمُ الۡقَوَاعِدَ مِنَ الۡبَیۡتِ وَ اِسۡمٰعِیۡلُ رَبَّنَا تَقَبَّلۡ مِنَّا اِنَّکَ اَنۡتَ السَّمِیۡعُ الۡعَلِیۡمُ رَبَّنَا وَ اجۡعَلۡنَا مُسۡلِمَیۡنِ لَکَ وَ مِنۡ ذُرِّیَّتِنَاۤ اُمَّۃً مُّسۡلِمَۃً لَّکَ وَ اَرِنَا مَنَاسِکَنَا وَ تُبۡ عَلَیۡنَا اِنَّکَ اَنۡتَ التَّوَّابُ الرَّحِیۡمُ۔

"(وہ وقت بھی یاد کرو) جب ابراہیم اور اسماعیل اس گھر کی بنیادیں اٹھا رہے تھے

اور دعا کر رہے تھے۔ اے ہمارے رب ہم سے (یہ عمل) قبول فرما کیونکہ تو خوب سننے اور جاننے والا ہے۔ اے ہمارے رب ہم دونوں کو اپنا مطیع اور فرمانبردار بنا۔ اور ہماری ذریت سے اپنی ایک فرمانبردار امت پیدا کر اور ہمیں ہماری عبادت کی حقیقت سے آگاہ فرما اور ہماری توبہ قبول فرما۔ یقیناً تو بڑا توبہ قبول کرنے والا اور رحم کرنے والا ہے۔" (بقرہ: ۱۲۷، ۱۲۸)

امتحان میں کامیابی کے بعد امامت کا ملنا

وَاِذِ ابْتَلٰی اِبْرٰاہٖیمَ رَبُّہٗ بِکَلِمٰتٍ فَاَتَمَّھُنَّ قَالَ اِنِّیْ جَاعِلُکَ لِلنَّاسِ اِمَامًا قَالَ وَمِنْ ذُرِّیَّتِیْ قَالَ لَایَنَالُ عَھْدِی الظّٰلِمِیْنَ۔

"اور (وہ وقت بھی یاد کرو) جب ابراہیم کو ان کے رب نے چند کلمات سے آزمایا اور انہوں نے ان کو پورا کر دیا۔ تو ارشاد ہوا میں تمہیں لوگوں کا امام بنانے والا ہوں۔ انہوں نے کہا اور میری اولاد سے بھی۔ ارشاد ہوا میرا عہد ظالموں کو نہیں پہنچے گا۔" (بقرہ :۱۲۴) کیا کہنا عظمت اور خلّتِ ابراہیم کا، وہ واقعاً ایک امت تھے۔ انہوں نے اللہ کے کاموں میں پوری وفا کی۔ ارشاد ہوا۔ وَاِبْرٰہِیْمَ الَّذِیْ وَفّٰی "اور ابراہیم جس نے (حق اطاعت) پورا کیا۔" (نجم:۳۷) لیکن ان کی زوجہ محترمہ کی وفا مثالی اور کردار عالی تھا۔ حضرت ابراہیم کے ہر قول پر آمنا و صدقنا کی حقیقی مصداق تھیں، اور ہر تکلیف کو برداشت کرنے کے لئے تیار رہتیں۔ چھوٹے بچے اسماعیل اور ہاجرہ کو اکیلے مکہ جیسی بے آب و گیاہ زمین میں چھوڑ رہے ہیں نہ پینے کا پانی ہے اور نہ کھانے کیلئے خوراک بننے والی کوئی چیز۔ سایہ کیلئے کوئی درخت بھی نہیں۔ نہ تو کوئی انسان موجود ہے اور نہ کوئی متنفس

لیکن ہاجرہ رضائے خدا، رضائے ابراہیم پر راضی کھڑی ہیں اللہ نے اس بی بی کو اس قدر عظمت دی کہ اسماعیل کے ایڑیاں رگڑنے سے زم زم جیسے پانی کا تحفہ میّسر ہوا بیچاری ہاجرہ پانی کی تلاش کیلئے بھاگ دوڑ میں ہی مشغول رہیں۔ صفا و مروہ شعائر اللہ اور حج کا عظیم رکن بن گئے مکہ آباد ہوا اور اللہ والوں کا مرکز ٹھہرا۔ ارشاد رب العزت ہوا:

رَبَّنَا اِنِّیۡۤ اَسۡکَنۡتُ مِنۡ ذُرِّیَّتِیۡ بِوَادٍ غَیۡرِ ذِیۡ زَرۡعٍ عِنۡدَ بَیۡتِکَ الۡمُحَرَّمِ ۙ رَبَّنَا لِیُـقِیۡمُوا الصَّلٰوۃَ فَاجۡعَلۡ اَفۡئِدَۃً مِّنَ النَّاسِ تَہۡوِیۡۤ اِلَیۡہِمۡ وَ ارۡزُقۡہُمۡ مِّنَ الثَّمَرٰتِ لَعَلَّہُمۡ یَشۡکُرُوۡنَ۔

"اے ہمارے پروردگار! میں اپنی اولاد میں سے بعض کو تیرے محترم گھر کے قریب بے آب و گیاہ وادی میں چھوڑ رہا ہوں تاکہ وہ یہاں نماز قائم کریں اور (اے اللہ) تو لوگوں کے دلوں کو ان کی طرف موڑ دے اور انہیں پھلوں کا رزق عطا فرما تاکہ وہ تیرے شکر گزار بندے بن جائیں۔" (ابراہیم :۳۷) اب اس گرم تپتی ہوئی زمین پر صرف دو انسان موجود ہیں ایک عورت اور دوسرا چھوٹا سا بچہ، ماں اور بیٹے کو پیاس لگی۔ ماں صفا اور مروہ پہاڑوں کے درمیان پانی کی تلاش میں بھاگ دوڑ کر رہی ہیں ارشاد رب العزت ہوتا ہے۔ اِنَّ الصَّفَا وَ الۡمَرۡوَۃَ مِنۡ شَعَآئِرِ اللّٰہِ "بے شک صفا اور مروہ دونوں پہاڑیاں اللہ کی نشانیوں میں سے ہیں۔" (بقرہ:۱۵۸) ادھر اسماعیل رو رہے ہیں ایڑیاں رگڑ رہے ہیں خدا نے پانی کا چشمہ جاری کر دیا ہاجرہ تھکی ہوئی آئیں پانی دیکھا تو خوش ہو گئیں ارد گرد مٹی رکھ دی اور کہا زم زم (رک جا رک جا) تو چشمہ کا نام زم زم پڑ گیا۔ جب حضرت ابراہیم جانے لگے تو بے چاری عورت نے صرف اتنا کہا۔ اِلٰی مَنۡ تَکِلُنِیۡ مجھے کس کے سپرد کر کے جا رہے ہو۔ ابراہیم۔ نے کہا اللہ۔ یہ سن کر ہاجرہ مطمئن ہو گئیں۔ عورت کا خلوص اور ماں کی مامتا اس بات کی موجب بنی کہ جب وہ پانی کی تلاش میں کبھی صفا اور کبھی مروہ کی طرف جاتی تو اللہ کو یہ کام اتنا پسند آیا کہ اس نے صفا و مروہ کے درمیان سات چکروں کو حج کا

واجب رکن قرار دیا۔ پانی ملا اور جب اس پر ہر طرف سے بند باندھا تو زم زم کہلایا، حج کے موقع پر یہاں سے پانی لینا مستحب ہے اس پانی سے منہ اور بدن دھونا بھی مستحب ہے۔ آج پوری دنیا میں آب زم زم تبرک کے طور پر پہنچ کر گواہی دے رہا ہے کہ جناب ہاجرہ نے خدا اور رسول کی جو اطاعت کی اس کے صدقے میں ہاجرہ کی پیروی کس قدر ضروری ہے۔ پھر آب زم زم کو یہ قدر و منزلت اور عظمت اس بی بی (عورت) کی وجہ سے نصیب ہوئی۔ ابراہیمؑ کا کام قابل احترام ہے لیکن زوجہ کا احترام بھی ہمیشہ ہمیشہ باقی رہے گا۔

حضرت زلیخا (اور یوسف)

خداوند عالم نے حضرت یوسف کو بہت بلند درجہ عطا فرمایا ان کے قصہ کو احسن القصص (بہترین قصہ) قرار دیا انہیں منتخب فرمایا ان پر نعمتیں عام کیں اور انہیں حکمرانی عطا فرمائی۔ البتہ یہ حقیقت ہے ابتدا میں بھائیوں نے بہت پریشان کیا کنویں میں ڈالا پھر بازار فروخت ہوئے اور بعد میں عورتوں نے بھی بہت پریشان کیا لیکن کامیابی و کامرانی آخرکار حضرت یوسف کو ہی نصیب ہوئی۔ ارشاد رب العزت ہوا:

وَكَذٰلِكَ يَجْتَبِيكَ رَبُّكَ وَيُعَلِّمُكَ مِنْ تَأْوِيلِ الْأَحَادِيثِ وَيُتِمُّ نِعْمَتَهُ عَلَيْكَ وَعَلٰى آلِ يَعْقُوبَ كَمَا أَتَمَّهَا عَلٰى أَبَوَيْكَ مِنْ قَبْلُ إِبْرَاهِيمَ وَإِسْحَاقَ إِنَّ رَبَّكَ عَلِيمٌ حَكِيمٌ۔

"تمہارا رب تم کو اسی طرح برگزیدہ کردے گا تمہیں خوابوں کی تعبیر کا علم سکھائے تم اور آل یعقوب پر اپنی نعمت اسی طرح پوری کریگا جس طرح اس سے پہلے تمہارے اجداد ابراہیم و اسحاق پر کر چکا ہے بے شک تمہارا رب بڑے علم اور حکمت والا ہے۔" (یوسف:٦) بھائیوں کی سازشوں، ریشہ دانیوں اور ظلم سے حضرت یوسف بک گئے اور پھر عزیزِ مصر کے پاس آ گئے۔ اب عورتوں نے اس قدر پریشان کیا کہ خدا کی پناہ! ارشاد رب العزت ہوا:

وَرَاوَدَتْهُ الَّتِي هُوَ فِي بَيْتِهَا عَنْ نَفْسِهِ وَغَلَّقَتِ الْأَبْوَابَ وَقَالَتْ هَيْتَ لَكَ قَالَ مَعَاذَ اللّٰهِ إِنَّهُ رَبِّي أَحْسَنَ مَثْوَايَ إِنَّهُ لَا يُفْلِحُ الظَّالِمُونَ وَلَقَدْ هَمَّتْ بِهِ وَهَمَّ بِهَا لَوْلَا أَنْ رَأَىٰ بُرْهَانَ رَبِّهِ كَذٰلِكَ لِنَصْرِفَ عَنْهُ السُّوءَ وَالْفَحْشَاءَ إِنَّهُ مِنْ عِبَادِنَا الْمُخْلَصِينَ وَاسْتَبَقَا الْبَابَ وَقَدَّتْ قَمِيصَهُ مِنْ دُبُرٍ

وَّ اَلْفَیَا سَیِّدَہَا لَدَا الْبَابِ قَالَتْ مَا جَزَآءُ مَنْ اَرَادَ بِاَھْلِکَ سُوْٓءًا اِلَّآ اَنْ یُّسْجَنَ اَوْ عَذَابٌ اَلِیْمٌ قَالَ ہِیَ رَاوَدَتْنِیْ عَنْ نَّفْسِیْ وَشَہِدَ شَاہِدٌ مِّنْ اَہْلِہَا اِنْ کَانَ قَمِیْصُہٗ قُدَّ مِنْ قُبُلٍ فَصَدَقَتْ وَہُوَ مِنَ الْکٰذِبِیْنَ وَاِنْ کَانَ قَمِیْصُہٗ قُدَّ مِنْ دُبُرٍ فَکَذَبَتْ وَہُوَ مِنَ الصّٰدِقِیْنَ فَلَمَّا رَاٰ قَمِیْصَہٗ قُدَّ مِنْ دُبُرٍ قَالَ اِنَّہٗ مِنْ کَیْدِکُنَّ اِنَّ کَیْدَکُنَّ عَظِیْمٌ۔

"اور یوسف جس عورت کے گھر میں تھے۔اس نے انہیں اپنے ارادہ سے منحرف کر کے اپنی طرف مائل کرنا چاہااور سارے دروازے بند کر کے کہنے لگی آجاؤ۔یوسف نے کہا پناہ بہ خدا! یقیناً میرے رب نے مجھے اچھا مقام دیا ہے بے شک ظالموں کو فلاح نہیں ملا کرتی اور اس عورت نے یوسف کا ارادہ کر لیااور یوسف بھی اس کا ارادہ کر لیتے اگر وہ اپنے رب کے برہان نہ دیکھ چکے ہوتے۔ اس طرح ہوا، تاکہ ہم ان سے بدی اور بے حیائی کو دور رکھیں کیونکہ یوسف ہمارے برگزیدہ بندوں میں سے تھے۔ دونوں آگے نکلنے کی کوشش میں دروازے کی طرف دوڑ پڑے اور اس عورت نے یوسف کا کرتا پیچھے سے پھاڑ دیا اتنے میں دونوں نے اس عورت کے شوہر کو دروازے پر موجود پایا۔ عورت کہنے لگی جو شخص تیری بیوی کے ساتھ برا ارادہ کرے اس کی سزا کیا ہو سکتی ہے سوائے اس کے کہ اسے قید میں ڈالا جائے یا دردناک عذاب دیا جائے۔یوسف نے کہا یہی عورت مجھے اپنے ارادہ سے پھسلانا چاہتی تھی اور اس عورت کے خاندان کے کسی فرد نے گواہی دی کہ اگر یوسف کا کرتا آگے سے پھٹا ہے تو یہ سچی ہے اور یوسف جھوٹا اور اگر اس کا کرتا پیچھے سے پھٹا ہے تو یہ جھوٹی ہے اور یوسف سچا ہے جب اس نے دیکھا تو کرتا تو پیچھے سے پھٹا ہوا ہے تو اس (کے شوہر) نے کہا بے شک یہ تو تمہاری فریب کاری ہے بتحقیق تم عورتوں کی فریب کاری تو بہت بھاری ہوتی ہے۔" (یوسف: ۲۳ تا ۲۸) یہ بہت بڑا واقعہ تھا ایک طرف بے چارا اور زر خرید غلام ہے جبکہ دوسری طرف بادشاہ کی بیوی۔ چہ می گوئیاں ہوئیں۔ تو شاہ

مصر کی زوجہ نے محفل سجائی عورتوں کو دعوت میں بلایا اور میوا جات رکھ دیئے گئے پھر ان سے کہا گیا کہ چھری کانٹے ہاتھ میں لے لو۔ دعوتِ خورد ونوش شروع ہوئی، ادھر سے پھل کٹنا شروع ہوئے اُدھر سے یوسف کو بلا لیا گیا۔ وہ عورتیں حسنِ یوسف سے اس قدر حواس باختہ ہو گئیں کہ بہت سی عورتوں نے اپنے ہاتھ کی انگلیاں کاٹ لیں۔ واہ رے حسنِ یوسف! ارشاد رب العزت ہے:

وَقَالَ نِسْوَةٌ فِي الْمَدِينَةِ امْرَأَتُ الْعَزِيزِ تُرَاوِدُ فَتَاهَا عَن نَّفْسِهِ قَدْ شَغَفَهَا حُبًّا إِنَّا لَنَرَاهَا فِي ضَلَالٍ مُّبِينٍ فَلَمَّا سَمِعَتْ بِمَكْرِهِنَّ أَرْسَلَتْ إِلَيْهِنَّ وَأَعْتَدَتْ لَهُنَّ مُتَّكَأً وَآتَتْ كُلَّ وَاحِدَةٍ مِّنْهُنَّ سِكِّينًا وَقَالَتِ اخْرُجْ عَلَيْهِنَّ فَلَمَّا رَأَيْنَهُ أَكْبَرْنَهُ وَقَطَّعْنَ أَيْدِيَهُنَّ وَقُلْنَ حَاشَ لِلَّهِ مَا هَٰذَا بَشَرًا إِنْ هَٰذَا إِلَّا مَلَكٌ كَرِيمٌ قَالَتْ فَذَٰلِكُنَّ الَّذِي لُمْتُنَّنِي فِيهِ وَلَقَدْ رَاوَدتُّهُ عَن نَّفْسِهِ فَاسْتَعْصَمَ وَلَئِن لَّمْ يَفْعَلْ مَا آمُرُهُ لَيُسْجَنَنَّ وَلَيَكُونًا مِّنَ الصَّاغِرِينَ قَالَ رَبِّ السِّجْنُ أَحَبُّ إِلَيَّ مِمَّا يَدْعُونَنِي إِلَيْهِ۔

"شہر کی عورتوں نے کہنا شروع کر دیا کہ عزیز مصر کی بیوی اپنے غلام کو اس کے ارادہ سے پھسلانا چاہتی ہے اس کی محبت اس کے دل کی گہرائیوں میں اثر کر چکی ہے ہم تو اسے یقیناً صریح گمراہی میں دیکھ رہے ہیں پس اس نے جب عورتوں کی مکارانہ باتیں سنیں تو انہیں بلا بھیجا اور ان کیلئے مسندیں تیار کیں اور ان میں سے ہر ایک کے ہاتھ میں چھری دے دی (کہ پھل کاٹیں) پھر اس نے یوسف سے کہا ان کے سامنے سے گزرو۔ پس جب عورتوں نے انہیں دیکھا تو انہیں بڑا حسین پایا اور وہ اپنے ہاتھ کاٹ بیٹھیں اور کہہ اٹھیں سبحان اللہ یہ بشر نہیں ہو سکتا یہ تو کوئی معزز فرشتہ ہے! اس نے کہا یہ وہی ہے جس کے بارے میں تم مجھے طعنے دیتی تھیں اور بے شک میں نے اس کو اپنے ارادہ سے پھسلانے کی کوشش کی تھی مگر اس نے اپنی عصمت قائم رکھی اور اگر یہ میرا حکم نہ مانے گا تو ضرور قید کر دیا جائے گا اور خوار بھی ہو گا۔ یوسف نے کہا: اے میرے رب! مجھے اس

چیز سے قید زیادہ پسند ہے جس کی طرف یہ عورتیں دعوت دے رہی ہیں۔" (یوسف ۳۰ تا۳۳) یوسف قید میں ڈال دیئے گئے اور وہاں انہوں نے دو قیدیوں کے خواب کی تعبیر بیان کی اس کی خبر عزیز مصر کو ہوگئی پھر بادشاہ کے خواب کی تعبیر بھی بتائی جو ملک وملت کیلئے مفید تھی تب بادشاہ نے یوسف کو قید خانے سے بلا بھیجا جب قاصد یوسف کے پاس آیا تو کہا:

وَقَالَ الْمَلِكُ ائْتُونِي بِهِ فَلَمَّا جَاءَهُ الرَّسُولُ قَالَ ارْجِعْ إِلَىٰ رَبِّكَ فَاسْأَلْهُ مَا بَالُ النِّسْوَةِ اللَّاتِي قَطَّعْنَ أَيْدِيَهُنَّ إِنَّ رَبِّي بِكَيْدِهِنَّ عَلِيمٌ قَالَ مَا خَطْبُكُنَّ إِذْ رَاوَدتُّنَّ يُوسُفَ عَن نَّفْسِهِ قُلْنَ حَاشَ لِلَّهِ مَا عَلِمْنَا عَلَيْهِ مِن سُوءٍ قَالَتِ امْرَأَتُ الْعَزِيزِ الْآنَ حَصْحَصَ الْحَقُّ أَنَا رَاوَدتُّهُ عَن نَّفْسِهِ وَإِنَّهُ لَمِنَ الصَّادِقِينَ ذَٰلِكَ لِيَعْلَمَ أَنِّي لَمْ أَخُنْهُ بِالْغَيْبِ وَأَنَّ اللَّهَ لَا يَهْدِي كَيْدَ الْخَائِنِينَ

"اور بادشاہ نے کہا یوسف کو میرے پاس لاؤ پھر جب قاصد یوسف کے پاس آیا تو انہوں نے کہا اپنے مالک کے پاس واپس جا اور اس سے پوچھ کہ ان عورتوں کا مسئلہ کیا تھا جنہوں نے اپنے ہاتھ کاٹ لئے تھے میرا رب تو ان کی مکاریوں سے خوب واقف ہے۔ بادشاہ نے عورتوں سے پوچھا اس وقت تمہارا کیا حال تھا جب تم نے یوسف کو اپنے ارادے سے پھسلانے کی کوشش کی تھی؟ سب عورتوں نے کہا ہم نے یوسف میں کوئی برائی نہیں دیکھی۔ (اس موقع پر) عزیز کی بیوی نے کہا اب حق کھل کر سامنے آگیا ہے میں نے یوسف کو اس کی مرضی کے خلاف پھسلانے کی کوشش کی تھی اور یوسف یقیناً سچوں میں سے ہیں (یوسف نے کہا) ایسا میں نے اس لئے کیا تاکہ وہ جان لے کہ میں نے عزیز مصر کی عدم موجودگی میں اس کے ساتھ کوئی خیانت نہیں کی اور اللہ خیانت کاروں کے مکر وفریب کو کامیابی سے ہمکنار نہیں کرتا۔" (یوسف: ۵۰ تا ۵۲) بہرحال حضرت یوسف بادشاہ کے بلانے پر فوراً نہیں گئے بلکہ اپنی برأت کے اثبات کے بعد باعزت و

عظمت اور عصمت کے ساتھ بادشاہ کے ہاں گئے۔ عورتوں کے مکر سے محفوظ رہے عصمت پر کوئی دھبہ نہیں لگنے دیا اسی طرح بھائیوں کی ریشہ دانیاں ناکار ہو گئیں اور یوسف عزت وعظمت کی بلندیوں تک پہنچے۔ وہی بھائی تھے، انہوں نے معذرت کی۔ ماں و باپ خوش ہوئے اور سجدہ شکر بجالائے اللہ کا فرمان ثابت رہا کہ تومیر ابن جا میں تیر ابن جاؤں گا۔ اس واقعہ سے معلوم ہوا کہ مردوں میں بھی اچھے برے موجود ہیں اور یہی حال عورتوں کا بھی ہے۔ یوسف کے بھائی غلط نکلے، عورتیں مکار ثابت ہوئیں لہذا مرد بحیثیت مرد عورتوں سے ممتاز نہیں ہے۔ بلکہ عورت ومرد میں معیار تفاضل تقویٰ ہے جو تقوی رکھتا ہو گا خواہ مرد ہو یا عورت، وہ اللہ کا بندہ اور مومن ہو گا اور جو تقوی سے خالی ہے خواہ مرد ہو یا عورت، ظاہری طور پر انسان ہو گا لیکن حقیقت میں حیوان ہو گا۔

زوجہ حضرت ایوب

ارشاد رب العزت ہے:

وَاذْكُرْ عَبْدَنَا أَيُّوبَ إِذْ نَادَىٰ رَبَّهُ أَنِّي مَسَّنِيَ الشَّيْطَانُ بِنُصْبٍ وَعَذَابٍ ارْكُضْ بِرِجْلِكَ هَٰذَا مُغْتَسَلٌ بَارِدٌ وَشَرَابٌ وَوَهَبْنَا لَهُ أَهْلَهُ وَمِثْلَهُم مَّعَهُمْ رَحْمَةً مِّنَّا وَذِكْرَىٰ لِأُولِي الْأَلْبَابِ وَخُذْ بِيَدِكَ ضِغْثًا فَاضْرِب بِّهِ وَلَا تَحْنَثْ إِنَّا وَجَدْنَاهُ صَابِرًا نِّعْمَ الْعَبْدُ إِنَّهُ أَوَّابٌ۔ "

اور ہمارے بندے ایوب کا ذکر کیجئے۔ جب انہوں نے اپنے رب کو پکارا۔ شیطان نے مجھے تکلیف اور اذیت دی ہے (ہم نے کہا) اپنے پاؤں سے (زمین پر) ٹھوکر مارو! یہ ہے ٹھنڈا پانی نہانے اور پینے کیلیئے، ہم نے انہیں اہل و عیال دیئے اور اپنی خاص رحمت سے ان کے ساتھ اتنے ہی اور دے دیئے اور عقل والوں کے لئے نصیحت و عبرت قرار دی۔ اپنے ہاتھ میں ایک جھاڑو تھام لو اسے مارو اور قسم نہ توڑو بتحقیق ہم نے انہیں صابر پایا وہ بہترین بندے تھے بے شک وہ (اپنے رب کی طرف) رجوع کرنے والے تھے۔"

(ص: ۴۱ تا ۴۴)

حضرت ایوب کی حیران کن زندگی صبر و استقامت کی اعلیٰ مثال تھی ان کی زوجہ محترمہ کا بے مثال ایثار مشکلات میں گھرے ہوئے انسانوں کیلیئے مشعل راہ ہے۔ حضرت ایوب کی فراوانیِ دولت، کھیتیاں، بھیڑ بکریاں اور آل و اولاد سب ختم ہو گئے اور وہ نان جویں کے محتاج ہو گئے، رشتہ دار اور دوست واحباب اور ماننے والے سب چھوڑ گئے وہ تن و تنہا اپنی پردہ دار زوجہ، نبی کی بیٹی زوجہ کے ساتھ زندگی گزارتے رہے ایسی کہ زوجہ

لوگوں کے گھروں میں کام کاج کر کے گذر بسر کرتی رہی اور پھر دوسری طرف شماتت اعداء کا ہجوم تھا۔

حضرت ایوب سے پادریوں کا ایک وفد ملا اور کہنے لگا جناب ایوب! لگتا ہے آپ سے کوئی بہت بڑا گناہ ہوا ہے حالانکہ حقیقت یہ تھی ایوب صابر وشاکر تھے اللہ نے ان کی بہت تعریف کی تو شیطان نے کہا جب ایوب کے پاس سب کچھ موجود ہے تو وہ صبر و شکر نہ کرے تو کیا کرے؟ بات تو تب ہے جب کچھ نہ ہو تو پھر صبر کرے۔ امتحان شروع ہوا سب کچھ ختم ہو گیا۔ یکہ و تنہا، بے یار و مددگار، مریض اور لاچار ہو گئے لیکن کیا کہنا عظمت زوجہ کا کہ انہوں نے بڑی خندہ پیشانی کے ساتھ مزدوری کی زحمت اٹھائی۔

ایک دن کسی حکیم نے کہا میں دوا دیتا ہوں ٹھیک ہو جائیں گے لیکن ایک شرط ہے۔ آپ کو کہنا ہو گا کہ مجھے حکیم نے شفا دی ہے ان کی بیوی نے ہاں کر دی حضرت ایوب نے بہت برا منایا اور سزا دینے کی قسم کھالی۔ اب جب مصائب کا تلاطم ختم ہوا اور نعمات لوٹ آئیں تو قسم پوری کرنے کا مسئلہ پیدا ہوا خدا نے فرمایا:

ایسی بے مثال زوجہ تو کسی کو نصیب نہیں ہوئی اس بے چاری کی اس قدر خدمات ہیں اس کے باوجود تم سزا کا سوچ رہے ہیں ہر گز نہیں بلکہ اللہ کا نام سب سے بڑا ہے تم جھاڑو لے لو اور اسے سزا کا آلہ قرار دو تا کہ قسم نہ ٹوٹے اور بات بھی پوری ہو جائے۔

ایوب نبی تھے صابر تھے عبد خاص تھے ہمیشہ اللہ کی طرف رجوع کرنے والے تھے ان تمام صفات کے ساتھ وہ نبی تھے۔ کیا کہنا زوجۂ ایوب کا (عورت کی عظمت) کہ سب چھوڑ گئے لیکن اس کا ایثار اور اس کی خدمت میں کوئی کمی نہیں آئی۔

اسی لئے کہا گیا کہ اے مرد زوجہ کی اچھائی پورے گھر کو جنت میں بدل دیتی ہے عورت کی ذہانت اور اخلاق سے تیرا گھر جنت بن جاتا ہے تو بھی اچھا رہے عورت بھی اچھی

رہے جبکہ آج کے زمانے میں برا گھر ہی تیرے لئے جنت بنا ہوا ہے۔

۷۔ مادر موسیٰ۔ ۸۔ خواہر موسیٰ۔

آسیہ زوجہ فرعون

قرآن مجید میں حضرت موسیٰ علیہ السلام کا تذکرہ ایک سو اکیس مرتبہ ہوا۔ ان کے مفصل واقعات ہیں جنہیں میں کئی حصوں میں تقسیم کیا جا سکتا ہے۔ ولادت کا مخفی ہونا، بعد از ولادت کے واقعات جس میں موسیٰ کی والدہ کا کردار، صبر و استقامت، بہن کا کردار، جدت و ہوشیاری کے ساتھ اس صندوق کا تعاقب جس میں حضرت موسیٰ سوئے ہوئے تھے اور پھر جناب آسیہ کا کردار جس نے فرعون کے دل میں ان کی محبت ڈالی اسے راضی کیا اور پھر اپنے گھر میں بہترین انداز سے موسیٰ کی پرورش کی۔ خوف کی حالت میں مصر سے روانگی اور مَدیَنِ آمد، شادی و تزویج، خدمت حضرت شعیب۔ شعیب جیسی بہترین شخصیت کا سہارا ثابت ہوئی۔ شادی ہوگئی کام مل گیا اور باعزت زندگی بسر ہونے لگی۔ ۳۔ مدین سے مصر واپسی، نبوت کا اعلان، فرعون سے تخاطب، جادوگروں کا واقعہ اور اس میں کامیابی اور عصا کے معجزات۔ ۴۔ فرعون کے غرق ہونے کے بعد قوم میں تبلیغ، ان میں وحدت قائم رکھنا، قوم کی ریشہ دوانیاں اور پھر عذاب کی مختلف صورتیں۔ ظاہر ہے سب کا تذکرہ تو ہمارے اس مختصر سے رسالہ میں مشکل ہے صرف بعد از ولادت کے چند واقعات کو آیات قرآن کی حدود میں رہتے ہوئے ذکر کریں گے۔

ارشاد رب العزت ہے:

وَ اَوۡحَیۡنَاۤ اِلٰۤی اُمِّ مُوۡسٰۤی اَنۡ اَرۡضِعِیۡہِ ۚ فَاِذَا خِفۡتِ عَلَیۡہِ فَاَلۡقِیۡہِ فِی الۡیَمِّ وَ لَا تَخَافِیۡ وَ لَا تَحۡزَنِیۡ ۚ اِنَّا رَآدُّوۡہُ اِلَیۡکِ وَ جَاعِلُوۡہُ مِنَ الۡمُرۡسَلِیۡنَ۔

"ہم نے مادر موسیٰ کی طرف وحی بھیجی کہ ان کو دودھ پلالو اور جب اس کے بارے میں خوف محسوس کرو تو اسے دریا میں ڈال دو اور بالکل رنج و خوف نہ کرنا کریں ہم اسے تمہاری طرف پلٹانے والے ہیں اور اسے پیغمبروں میں شامل کرنے والے ہیں۔

وَ اَصۡبَحَ فُؤَادُ اُمِّ مُوۡسٰی فٰرِغًا اِنۡ کَادَتۡ لَتُبۡدِیۡ بِہٖ لَوۡ لَاۤ اَنۡ رَّبَطۡنَا عَلٰی قَلۡبِہَا لِتَکُوۡنَ مِنَ الۡمُؤۡمِنِیۡنَ وَ قَالَتۡ لِاُخۡتِہٖ قُصِّیۡہِ فَبَصُرَتۡ بِہٖ عَنۡ جُنُبٍ وَّ ہُمۡ لَا یَشۡعُرُوۡنَ وَ حَرَّمۡنَا عَلَیۡہِ الۡمَرَاضِعَ مِنۡ قَبۡلُ فَقَالَتۡ ہَلۡ اَدُلُّکُمۡ عَلٰۤی اَہۡلِ بَیۡتٍ یَّکۡفُلُوۡنَہٗ لَکُمۡ وَ ہُمۡ لَہٗ نٰصِحُوۡنَ فَرَدَدۡنٰہُ اِلٰۤی اُمِّہٖ کَیۡ تَقَرَّ عَیۡنُہَا وَ لَا تَحۡزَنَ وَ لِتَعۡلَمَ اَنَّ وَعۡدَ اللّٰہِ حَقٌّ وَّ لٰکِنَّ اَکۡثَرَہُمۡ لَا یَعۡلَمُوۡنَ

"ادھر مادر موسیٰ کا دل بے قرار ہو گیا قریب تھا کہ راز کو فاش کر دیتی اگر ہم نے اس کے دل کو مضبوط نہ کیا ہوتا کہ وہ یقین رکھنے والوں میں سے ہو جائے۔ اور مادر موسیٰ نے ان کی بہن (کلثوم) سے کہا کہ اس کے پیچھے پیچھے چلی جا تو وہ موسیٰ کو (دور سے) دیکھتی رہی کہ دشمنوں کو اس کام پتہ نہ چل جائے اور ہم نے موسیٰ پر دودھ پلانے والیوں کے دودھ کو پہلے سے حرام قرار دیا تھا چنانچہ موسیٰ کی بہن نے کہا کہ میں تمہیں ایسے گھرانے کا پتہ دوں جو اس بچے کو تمہارے لئے پالیں اور وہ اس کے خیر خواہ بھی ہوں۔" (قصص: ۱۰ تا ۱۴) موسیٰ کے پیدا ہوتے ہی دایہ نے چاہا کہ حکومت کو خبر کر دوں کہ بچے کے نور کی چمک سے اس بچہ کی محبت پیدا ہو گئی دایہ نکلی تو حکومتی افراد گھر میں داخل ہوئے ماں نے موسیٰ کو تندور میں ڈال دیا۔ حکومتی افراد کے جانے کے بعد بچے کے رونے کی آواز آئی دیکھا کہ آتش تندور سلامتی اور برد بن چکی تھی صندوق بنایا گیا بہن ساتھ چلی ماں نے آخری بار دودھ پلا کر نیل کی موجوں کے سپرد کر دیا۔ فرعون اور اسکی ملکہ دریا کے کنارے محل میں موجود دریا کا نظارہ کر رہے ہیں صندوق نظر آیا تو حکم ہوا کہ فوراً جائیں اور صندوق لے کر آئیں۔ حضرت موسیٰ کی نجات کے لیے صندوق کا ڈھکنا کھولا

گیا ملکہ نے بچہ دیکھا تو اس کی محبت نے دل میں گھر کر لیا۔

وَقَالَتِ امْرَاَتُ فِرْعَوْنَ قُرَّتُ عَيْنٍ لِّيْ وَلَكَ لَا تَقْتُلُوْهُ عَسٰٓى اَنْ يَّنْفَعَنَآ اَوْ نَتَّخِذَهٗ وَلَدًا وَّهُمْ لَا يَشْعُرُوْنَ۔

"اور فرعون کی زوجہ نے کہا یہ بچہ تو میری اور تیری آنکھوں کی ٹھنڈک ہے اسے قتل نہ کرو ممکن ہے کہ یہ ہمارے لیے مفید ثابت ہو ہم اسے بیٹا بنالیں اور وہ (انجام سے) بے خبر تھے۔" (قصص:۹) اللہ کی عجیب قدرت ہے کہ آسمان وزمین کے لشکروں سے کسی قوم کو نیست ونابود کر دے یا خود مستکبرین کے ہاتھوں بربادی کا سامان ظہور پذیر ہو۔ موسیٰ کی دایہ قبطی دریا سے نکالنے والے، متعلقین فرعون ڈھکنا کھولنے والا فرعون اور پھر موسیٰ غلبہ واقتدار، موسیٰ جوان ہو گئے، بازار میں دو آدمیوں کو لڑائی کرتے دیکھا ایک کے مدد طلب کرنے پر دوسرے کو جان لیوا مکا مارا، اب مخفیانہ طور پر مصر کو چھوڑ کر چلے۔

وَلَمَّا تَوَجَّهَ تِلْقَآءَ مَدْيَنَ قَالَ عَسٰى رَبِّيْٓ اَنْ يَّهْدِيَنِيْ سَوَآءَ السَّبِيْلِ وَلَمَّا وَرَدَ مَآءَ مَدْيَنَ وَجَدَ عَلَيْهِ اُمَّةً مِّنَ النَّاسِ يَسْقُوْنَ وَوَجَدَ مِنْ دُوْنِهِمُ امْرَاَتَيْنِ تَذُوْدٰنِ قَالَ مَا خَطْبُكُمَا قَالَتَا لَا نَسْقِيْ حَتّٰى يُصْدِرَ الرِّعَآءُ وَاَبُوْنَا شَيْخٌ كَبِيْرٌ فَسَقٰى لَهُمَا ثُمَّ تَوَلّٰٓى اِلَى الظِّلِّ فَقَالَ رَبِّ اِنِّيْ لِمَآ اَنْزَلْتَ اِلَيَّ مِنْ خَيْرٍ فَقِيْرٌ فَجَآءَتْهُ اِحْدٰىهُمَا تَمْشِيْ عَلَى اسْتِحْيَآءٍ قَالَتْ اِنَّ اَبِيْ يَدْعُوْكَ لِيَجْزِيَكَ اَجْرَ مَا سَقَيْتَ لَنَا فَلَمَّا جَآءَهٗ وَقَصَّ عَلَيْهِ الْقَصَصَ قَالَ لَا تَخَفْ نَجَوْتَ مِنَ الْقَوْمِ الظّٰلِمِيْنَ۔

"اور جب موسیٰ نے مدین کا رخ کیا اور کہا کہ اب پروردگار مجھے سیدھے راستے کی ہدایت فرمائے گا اور جب وہ مدین کے کنویں پر پہنچے تو انہوں نے دیکھا کہ لوگوں کی ایک جماعت اپنے جانوروں کو پانی پلا رہی ہے اور دیکھا کہ ان کے علاوہ دو عورتیں اپنے جانور لیے ہوئے کھڑی ہیں موسیٰ نے کہا کہ آپ دونوں کا کیا مسئلہ ہے؟ وہ دونوں بولیں جب

تک یہ چرواہے اپنے جانوروں کو پانی پلا کر واپس نہ چلے جائیں ہم پانی نہیں پلا سکتیں اور ہمارے والد بڑی عمر کے بوڑھے ہیں۔ موسیٰ نے ان کے جانوروں کو پانی پلایا پھر سایہ کی طرف ہٹ گئے اور کہا کہ پالنے والے جو چیزیں تو مجھ پر نازل کرتا ہے میں اس کا محتاج ہوں پھر ان دونوں لڑکیوں میں سے ایک حیا کے ساتھ چلتی ہوئی موسیٰ کے پاس آئی کہنے لگی میرے والد تم کو بلا رہے ہیں تا کہ تم نے جو ہمارے جانوروں کو پانی پلایا ہے تمہیں کو اس کی اجرت دیں جب موسیٰ ان کے پاس آئے اور اپنا سارا قصہ انہیں سنایا تو وہ کہنے لگے خوف نہ کرو تم اب ظالموں سے نجات پا چکے ہو۔" (قصص:۲۲ تا ۲۵)

دختر جناب شعیبؑ

حضرت شعیب کی خدمت میں موسیٰ کی آمد۔ شعیب کی طرف سے شادی کی پیش کش۔ حق مہر کا تعین۔ کئی سال کا کام۔ پھر واپس روانگی۔ راستہ میں بچے کی ولادت اور نبوت کا ملنا ان واقعات میں موسیٰ کی ماں کا ممتا پر ضبط، خواہر موسی کی جفاکشی اور خبر داری پھر زوجۂ فرعون کا ہر مرحلہ میں حضرت موسیٰ کا تحفظ۔ ان مراحل میں عورت کی عظمت، عورت کی محبت و ایثار اور نبی کی جان کے تحفظ۔ ایسے واقعات ہیں جن سے عورت کی عظمت واضح و آشکار ہوتی ہے۔

تزویج موسیٰ

قَالَتْ اِحْدٰاهُمَا یٰاَبَتِ اسْتَاْجِرْهُ اِنَّ خَیْرَ مَنِ اسْتَاْجَرْتَ الْقَوِیُّ الْاَمِیْنُ قَالَ اِنِّیْ اُرِیْدُ اَنْ اُنْکِحَکَ اِحْدَی ابْنَتَیَّ هٰتَیْنِ عَلٰۤی اَنْ تَاْجُرَنِیْ ثَمٰنِیَ حِجَجٍ فَاِنْ اَتْمَمْتَ عَشْرًا فَمِنْ عِنْدِکَ وَمَاۤ اُرِیْدُ اَنْ اَشُقَّ عَلَیْکَ سَتَجِدُنِیْۤ اِنْ شَآءَ اللّٰهُ مِنَ الصّٰلِحِیْنَ قَالَ ذٰلِکَ بَیْنِیْ وَبَیْنَکَ اَیَّمَا الْاَجَلَیْنِ قَضَیْتُ فَلَا عُدْوَانَ عَلَیَّ وَاللّٰهُ عَلٰی مَا نَقُوْلُ وَکِیْلٌ

"ان دونوں میں سے ایک لڑکی نے کہا اے ابا اسے نوکر رکھ لیں کیونکہ جیسے آپ نوکر رکھنا ہو تو ان سب سے بہتر وہ ہے جو طاقت ور، امانت دار ہو شعیب نے کہا میں چاہتا ہوں کہ اپنی ان دو بیٹیوں میں ایک کا نکاح اس شرط پر تمہارے ساتھ کروں کہ تم آٹھ سال میری نوکری کرو اور اگر تم دس سال پورے کرو تو یہ تمہاری مرضی ہے اور میں تمہیں تکلیف نہ دوں گا انشاء اللہ تم مجھے صالحین میں سے پاؤ گے۔ موسیٰ نے کہا یہ میرے

اور آپ کے درمیان وعدہ ہے میں ان دونوں میں سے جو بھی مدت پوری کروں مجھ سے کوئی زیادتی نہ ہو اور یہ جو کچھ ہم یہ کہہ رہے ہیں اس پر اللہ ضامن ہے۔" (قصص:۲۶ تا ۲۸)

فَلَمَّا قَضٰی مُوْسَی الْاَجَلَ وَسَارَ بِاَہْلِہٖۤ اٰنَسَ مِنْ جَانِبِ الطُّوْرِ نَارًا ۚ قَالَ لِاَہْلِہِ امْکُثُوْۤا اِنِّیْۤ اٰنَسْتُ نَارًا لَّعَلِّیْۤ اٰتِیْکُمْ مِّنْہَا بِخَبَرٍ اَوْ جَذْوَۃٍ مِّنَ النَّارِ لَعَلَّکُمْ تَصْطَلُوْنَ فَلَمَّاۤ اَتٰىہَا نُوْدِیَ مِنْ شَاطِیَٔ الْوَادِ الْاَیْمَنِ فِی الْبُقْعَۃِ الْمُبٰرَکَۃِ مِنَ الشَّجَرَۃِ اَنْ یّٰمُوْسٰۤی اِنِّیْۤ اَنَا اللّٰہُ رَبُّ الْعٰلَمِیْنَ وَ اَنْ اَلْقِ عَصَاکَ فَلَمَّا رَاٰہَا تَہْتَزُّ کَاَنَّہَا جَآنٌّ وَّلّٰی مُدْبِرًا وَّلَمْ یُعَقِّبْ یٰمُوْسٰۤی اَقْبِلْ وَلَا تَخَفْ اِنَّکَ مِنَ الْاٰمِنِیْنَ اُسْلُکْ یَدَکَ فِیْ جَیْبِکَ تَخْرُجْ بَیْضَآءَ مِنْ غَیْرِ سُوْٓءٍ۔

"پھر جب موسیٰ نے مدت پوری کی اور وہ اپنے اہل کو لیکر چل دیے تو کوہ طور کی طرف سے ایک آگ دکھائی دی وہ اپنے اہل سے کہنے لگے ٹھہرو میں نے ایک آگ دیکھی ہے شائد وہاں سے کوئی خبر لاؤں یا آگ کا انگارہ لے کر آؤں تا کہ تم تاپ سکو جب موسیٰ وہاں پہنچے تو وادی کے دائیں کنارے ایک مبارک مقام میں درخت سے ندا آئی اے موسیٰ میں ہی عالمین کا پروردگار اللہ ہوں۔ اور اپنا عصا پھینک دیجیے پھر جب موسیٰ نے عصا کو سانپ کی طرح حرکت کرتے دیکھا تو پیٹھ پھیر کر پلٹے اور پیچھے مڑ کر بھی نہ دیکھا ہم نے کہا اے موسیٰ آگے آیئے اور خوف نہ کیجیے یقیناً آپ محفوظ ہیں اے موسیٰ اپنا ہاتھ گریبان میں ڈل دیجیے وہ بغیر کسی عیب کے چمکدار ہو کر نکلے گا۔" (قصص: ۲۹ تا ۳۲)

حضرت موسیٰ کے واقعہ کا عجیب منظر ہے۔ ایک طرف ماں کی ماتا پھر بہن کی جفاکشی اور بھائی کے صندوق کے ساتھ چل کر اپنی محبت کا ثبوت۔ آسیہ کا اخلاص اور نور کی چمک سے اس کے دل کی روشنی پھر مصیبت میں مبتلا حضرت موسیٰ کو ان کی نیکی۔ بے چاروں کی مدد سے اب شفیق و مہرباں بزرگ سے ملاقات۔ جس نے ان کے کام سے خوش ہو کر داماد بنا

لیا۔ جہاں حضرت موسیٰ جیسے بیٹے اور داماد کی طرح آٹھ دس سال سکون سے رہے۔ قدم قدم عورت وسیلہ سکون وراحت حضرت موسیٰ بن رہی ہے۔ کیا کہنا عظمتِ عورت کا۔

(۱۱) ملکہ سبا حضرت سلیمان کی حکومت عظیم تھی چرند پرند حیوانات جن وغیرہ انکے تابع، جب سفر کرتے ہوا کے دوش پر سوار سائیباں کے طور پر پرندے بالا سر ہوتے تاکہ دھوپ سے بچ جائیں، جگہ خالی دیکھی معلوم ہوا کہ ہدہد نہیں ہے۔ ناراضگی کا اظہار کیا ہدہد نے حاضری کے بعد ملکہ سبا کی حکومت کا تذکرہ کیا۔ ارشاد رب العزت۔

اِنِّیْ وَجَدْتُّ امْرَاَۃً تَمْلِکُھُمْ وَاُوْتِیَتْ مِنْ کُلِّ شَیْءٍ وَّلَھَا عَرْشٌ عَظِیْمٌ وَجَدْتُّھَا وَقَوْمَھَا یَسْجُدُوْنَ لِلشَّمْسِ مِنْ دُوْنِ اللّٰہِ۔

"میں نے ایک عورت دیکھی جو ان پر حکمران ہے اسکے پاس ہر قسم کی نعمت موجود ہے اور اسکا ایک عظیم الشان تخت ہے میں نے دیکھا کہ وہ اور اسکی قوم اللہ کو چھوڑ کر سورج کو سجدہ کرتے ہیں۔" (نمل: ۲۲ تا ۲۳)

حضرت سلیمان نے خط دیا کہ وہاں ڈال آئے۔ خط کا مضمون:

اِنَّہٗ مِنْ سُلَیْمٰنَ وَاِنَّہٗ بِسْمِ اللّٰہِ الرَّحْمٰنِ الرَّحِیْمِ اَلَّا تَعْلُوْا عَلَیَّ وَاْتُوْنِیْ مُسْلِمِیْنَ۔ (ملکہ نے کہا دربار لگاؤ میری طرف ایک محترم خط آیا ہے یہ سلیمان کی جانب سے ہے اور وہ یہ ہے) خدا کے رحمان ورحیم کے نام سے شروع۔ تم میرے مقابلہ میں بڑائی مت کرو اور فرماں بردار ہو کر میرے پاس چلے آؤ۔ (نمل: ۳۰ تا ۳۱)

امراء و وزراء سے مشورہ کیا۔ عام طور پر بادشاہ جب کسی شہر میں داخل ہوتے ہیں تو معزز لوگ بھی ذلیل ہو جاتے ہیں۔ طے ہوا کہ ہدیہ بھیج کر دیکھا جائے کہ کیا صورت حال ہے۔ حضرت سلیمان نے ہدیہ قبول نہیں کیا۔ فرمایا کون ہے۔ جو تخت بلقیس کو لائے۔ عفریت (جو جن تھا) کہنے لگا میں حاضر۔ لیکن ایک وزیر آصف بن برخیا تھا عرض کرنے

لگا۔ پلک جھپکنے میں پیش کر سکتا ہوں پھر دیکھا کہ تخت سامنے موجود ہے۔ جب ملکہ بھی آ گئی۔ تو اسے محل کی طرف بلایا گیا۔ ارشاد رب العزت:

قِیۡلَ لَہَا ادۡخُلِی الصَّرۡحَ فَلَمَّا رَاَتۡہُ حَسِبَتۡہُ لُجَّۃً وَّ کَشَفَتۡ عَنۡ سَاقَیۡہَا قَالَ اِنَّہٗ صَرۡحٌ مُّمَرَّدٌ مِّنۡ قَوَارِیۡرَ قَالَتۡ رَبِّ اِنِّیۡ ظَلَمۡتُ نَفۡسِیۡ وَ اَسۡلَمۡتُ مَعَ سُلَیۡمٰنَ لِلّٰہِ رَبِّ الۡعٰلَمِیۡنَ.

"ملکہ سے کہا گیا محل میں داخل ہو جایئے۔ جب سامنے محل کو دیکھا تو خیال کیا کہ وہاں گہرا پانی ہے اور اس نے اپنی پنڈلیاں کھول دیں۔ سلیمان نے کہا یہ شیشہ سے مرصع محل ہے۔ ملکہ نے کہا۔ پروردگار میں نے اپنے نفس پر ظلم کیا اور اب میں سلیمان کے ساتھ رب العالمین پر ایمان لاتی ہوں۔" (نمل:۴۴) جب تک یہ عورت سورج پرست تھی۔ کافرہ مشرکہ سزا کی مستوجب جب ایمان لائی۔ صالح عمل بجا لائی تو بارگاہ رب العزت میں معزز و مکرم ٹھہری۔ اصل مسئلہ ارتباط بہ خدا ہے اور یہاں مرد و عورت میں مسابقت ہے پس جو بازی لے جائے۔

حضرت مریم

ماں نے نذر مانی خیال تھا بیٹا ہو گا مگر حضرت مریم کی ولادت ہوئی۔ اللہ نے بیٹی کو بھی خدمت بیت المقدس کے لئے قبول کرلیا۔ وَاِنِّیْ سَمَّیْتُهَا مَرْیَمَ وَاِنِّیْ اُعِیْذُهَا بِکَ۔ "میں نے اس لڑکی کا نام مریم رکھا۔ میں اسے شیطان مردود سے تیری پناہ میں دیتی ہوں۔ (آل عمران:۳۶) پھر بڑی ہو گئیں۔ خدا کی طرف سے میوے آتے۔ ذکریا پوچھتے۔ بتاتیں۔ من عند اللہ۔ اللہ کی طرف سے ہیں۔ حتیٰ کہ جوان ہو گئیں۔ ارشاد رب العزت ہے:

وَاذْکُرْ فِی الْکِتَابِ مَرْیَمَ اِذِ انْتَبَذَتْ مِنْ اَهْلِهَا مَکَانًا شَرْقِیًّا فَاتَّخَذَتْ مِنْ دُوْنِهِمْ حِجَابًا فَاَرْسَلْنَا اِلَیْهَا رُوْحَنَا فَتَمَثَّلَ لَهَا بَشَرًا سَوِیًّا قَالَتْ اِنِّیْ اَعُوْذُ بِالرَّحْمٰنِ مِنْکَ اِنْ کُنْتَ تَقِیًّا قَالَ اِنَّمَا اَنَا رَسُوْلُ رَبِّکِ لِاَهَبَ لَکِ غُلَامًا زَکِیًّا قَالَتْ اَنّٰی یَکُوْنُ لِیْ غُلَامٌ وَّلَمْ یَمْسَسْنِیْ بَشَرٌ وَّلَمْ اَکُ بَغِیًّا قَالَ کَذٰلِکِ قَالَ رَبُّکِ هُوَ عَلَیَّ هَیِّنٌ وَلِنَجْعَلَهٗ آیَةً لِّلنَّاسِ وَرَحْمَةً مِّنَّا وَکَانَ اَمْرًا مَّقْضِیًّا فَحَمَلَتْهُ فَانْتَبَذَتْ بِهٖ مَکَانًا قَصِیًّا فَاَجَآءَهَا الْمَخَاضُ اِلٰی جِذْعِ النَّخْلَةِ قَالَتْ یٰلَیْتَنِیْ مِتُّ قَبْلَ هٰذَا وَکُنْتُ نَسْیًا مَّنْسِیًّا فَنَادٰىهَا مِنْ تَحْتِهَا اَلَّا تَحْزَنِیْ قَدْ جَعَلَ رَبُّکِ تَحْتَکِ سَرِیًّا وَهُزِّیْ اِلَیْکِ بِجِذْعِ النَّخْلَةِ تُسَاقِطْ عَلَیْکِ رُطَبًا جَنِیًّا فَکُلِیْ وَاشْرَبِیْ وَقَرِّیْ عَیْنًا فَاِمَّا تَرَیِنَّ مِنَ الْبَشَرِ اَحَدًا فَقُوْلِیْ اِنِّیْ نَذَرْتُ لِلرَّحْمٰنِ صَوْمًا فَلَنْ اُکَلِّمَ الْیَوْمَ اِنْسِیًّا فَاَتَتْ بِهٖ قَوْمَهَا تَحْمِلُهٗ قَالُوْا یٰمَرْیَمُ لَقَدْ جِئْتِ شَیْئًا فَرِیًّا یٰاُخْتَ هٰرُوْنَ مَا کَانَ اَبُوْکِ امْرَاَ سَوْءٍ وَّمَا کَانَتْ اُمُّکِ بَغِیًّا فَاَشَارَتْ اِلَیْهِ قَالُوْا کَیْفَ نُکَلِّمُ مَنْ کَانَ فِی الْمَهْدِ صَبِیًّا قَالَ اِنِّیْ عَبْدُ اللّٰهِ آتَانِیَ الْکِتَابَ وَجَعَلَنِیْ نَبِیًّا وَّجَعَلَنِیْ مُبَارَکًا اَیْنَ مَا کُنْتُ وَاَوْصَانِیْ بِالصَّلَاةِ وَالزَّکَاةِ

مَا دُمۡتُ حَیًّا وَبَرًّا بِوَالِدَتِیۡ وَلَمۡ یَجۡعَلۡنِیۡ جَبَّارًا شَقِیًّا وَالسَّلَامُ عَلَیَّ یَوۡمَ وُلِدۡتُّ وَیَوۡمَ اَمُوۡتُ وَیَوۡمَ اُبۡعَثُ حَیًّا.

"(اے محمد) اس کتاب میں مریم کا ذکر کیجئے۔ جب وہ اپنے گھر والوں سے الگ ہو کر مشرق کی جانب گئی تھیں۔ یوں انہوں نے ان سے پردہ اختیار کیا تھا۔ تب ہم نے ان کی طرف اپنا فرشتہ بھیجا۔ پس وہ ان کے سامنے مکمل انسان کی شکل میں ظاہر ہوا۔ مریم نے کہا۔ اگر تو پرہیز گار ہے تو میں تجھ سے رحمان کی پناہ مانگتی ہوں۔ اس نے کہا میں تو بس آپ کے پروردگار کا پیغام رساں ہوں۔ تاکہ آپ کو پاکیزہ بیٹا دوں۔ مریم نے کہا۔ میرے ہاں بیٹا کیسے ہو گا۔ مجھے تو کسی بشر نے چھوا تک نہیں۔ اور میں کوئی بدکردار بھی نہیں ہوں۔ فرشتے نے کہا۔ اسی طرح ہو گا۔ آپ کے پروردگار نے فرمایا ہے کہ یہ تو میرے لئے آسان ہے اور یہ اس لئے ہے کہ ہم اس لڑکے کو لوگوں کے لئے نشانی قرار دیں۔ اور وہ ہماری طرف سے رحمت ثابت ہو اور یہ کام طے شدہ تھا اور مریم اس بچہ سے حاملہ ہو گئیں اور وہ اسے لیکر دور چلی گئیں۔ پھر زچگی کا درد انہیں کھجور کے تنے کی طرف لے آیا۔ کہنے لگیں۔ اے کاش میں اس سے پہلے مر گئی ہوتی اور صفحہ فراموشی میں کھو چکی ہوتی۔ فرشتے نے مریم کے پیروں کے نیچے سے آواز دی غم نہ کیجئے آپ کے پروردگار نے آپ کے قدموں میں ایک چشمہ جاری کیا ہے اور کھجور کے تنے کو ہلائیں تو آپ پر تازہ کھجوریں گریں گی۔ پس آپ کھائیں پیئیں اور آنکھیں ٹھنڈی کریں اور اگر کوئی آدمی نظر آئے تو کہہ دیں۔ میں نے رحمان کی نذر مانی ہے۔ اس لئے آج میں کسی آدمی سے بات نہیں کروں گی۔ پھر وہ اس بچے کو اٹھا کر اپنی قوم کے پاس لے آئیں۔ لوگوں نے کہا اے مریم۔ تو نے غضب کی حرکت کی۔ اے ہارون کی بہن۔ نہ تیرا باپ برا آدمی تھا اور نہ ہی تیری ماں بدکردار تھی۔" پس مریم نے بچے کی طرف اشارہ کیا۔ لوگ کہنے لگے ہم اس

کیسے بات کریں۔ جو بچہ ابھی گھوارہ میں ہے۔ بچے نے کہا میں اللہ کا بندہ ہوں۔ اس نے مجھے کتاب دی ہے۔ اور مجھے نبی بنایا ہے اور میں جہاں بھی ہوں مجھے بابرکت بنایا ہے۔۔ اور زندگی بھر نماز اور زکوٰۃ کی پابندی کا حکم دیا ہے اور اپنی والدہ کے ساتھ بہتر سلوک کرنے والا قرار دیا ہے اور اس نے مجھے سرکش اور شقی نہیں بنایا۔ اور سلام ہو مجھ پر جس روز میں پیدا ہوا جس روز میں وفات پاؤں گا اور جس روز دوبارہ زندہ کر کے اٹھایا جاؤں گا۔" (مریم:۱۶ تا ۳۳) حضرت مریم خدا کی خاص کنیز۔ بیت المقدس میں ہر وقت رہائش۔ اللہ کی طرف سے جنت کے کھانے و میوے۔ برگزیدہ مخلوق۔ بہت بڑے امتحان میں کامیاب ہوئی۔ ۳ گھنٹہ یا ۳ دن کے بچے نے اپنی نبوت اپنی کتاب اور اپنے بابرکت ہونے کی خبر دے کر کے اپنی والدہ ماجدہ کی عصمت کی گواہی دی اور بتایا مجھے والدہ ماجدہ سے بہترین سلوک کا حکم ملا ہے۔ پھر مریم کے پاؤں کے نیچے چشمہ جاری ہوا۔ خشک درخت سے تر و تازہ کھجوریں۔ یہ اللہ کی طرف سے اظہار ہے کہ جو میرا بن جائے خواہ عورت ہو یا مرد۔ میں اس کا بن جاتا ہوں، عزت کی محافظت میرا کام، اشکالات کے جوابات میری طرف سے اور وہ سب کو ایسے برگزیدہ لوگوں (مرد ہو یا عورت) کے سامنے جھکا دیتا ہے۔ تو میرے سامنے جھک جا۔ دنیا تیرے سامنے سرنگوں ہو گی۔ حضرت مریم کی تعریف و ثناء ارشاد رب العزت ہے:

وَاِذْ قَالَتِ الْمَلَائِکَۃُ یَامَرْیَمُ اِنَّ اللّٰہَ اصْطَفَاکِ وَطَہَّرَکِ وَاصْطَفَاکِ عَلٰی نِسَاءِ الْعَالَمِیْنَ یَامَرْیَمُ اقْنُتِیْ لِرَبِّکِ وَاسْجُدِیْ وَارْکَعِیْ مَعَ الرَّاکِعِیْنَ

"اور (وہ وقت یاد کرو) جب فرشتوں نے کہا اے مریم۔ اللہ نے تمہیں برگزیدہ کیا ہے اور تمہیں پاکیزہ بنایا ہے اور تمہیں دنیا کی تمام عورتوں سے برگزیدہ کیا ہے اے مریم اپنے رب کی اطاعت کرو اور سجدہ کرتی رہو اور رکوع کرنے والوں کے ساتھ رکوع کرتی

رہو۔" (آل عمران:۴۲۔۴۳)

اِذْ قَالَتِ الْمَلَائِکَۃ یَامَرْیَمُ اِنَّ اللّٰہ یُبَشِّرُکِ بِکَلِمَۃٍ مِّنْہُ اسْمُہُ الْمَسِیْحُ عِیْسَی ابْنُ مَرْیَمَ وَجِیْہًا فِی الدُّنْیَا وَالآخِرَۃِ وَمِنَ الْمُقَرَّبِیْنَ وَیُکَلِّمُ النَّاسَ فِی الْمَہْدِ وَکَہْلاً وَّمِنَ الصَّالِحِیْنَ قَالَتْ رَبِّ اَنّٰی یَکُوْنُ لِی وَلَدٌ وَّلَمْ یَمْسَسْنِی بَشَرٌ قَالَ کَذٰلِکِ اللّٰہ یَخْلُقُ مَایَشَاءُ اِذَا قَضٰی اَمْرًا فَاِنَّمَا یَقُوْلُ لَہ کُنْ فَیَکُوْنُ وَیُعَلِّمُہُ الْکِتَابَ وَالْحِکْمَۃَ وَالتَّوْرَاۃَ وَالْاِنْجِیْلَ۔

"جب فرشتوں نے کہا اے مریم۔ اللہ تجھے اپنی طرف سے ایک کلمے کی بشارت دیتا ہے جس کا نام مسیح عیسیٰ ابن مریم ہو گا وہ دنیا و آخرت میں آبرو مند ہو گا اور مقرب لوگوں میں سے ہو گا اور وہ لوگوں سے گہوارہ میں گفتگو کرے گا اور صالحین میں سے ہو گا۔ مریم نے کہا۔ پروردگار! میرے ہاں لڑکا کس طرح ہو گا مجھے تو کسی شخص نے ہاتھ تک نہیں لگایا۔ فرمایا ایسا ہی ہو گا۔ اللہ جو چاہتا ہے خلق فرماتا ہے۔ جب وہ کسی امر کا ارادہ کر لیتا ہے تو اس سے کہتا ہے۔ ہو جا تو وہ ہو جاتا ہے۔ اور (اللہ) اسے کتاب و حکمت اور توریت و انجیل کی تعلیم دے گا۔" (آل عمران:۴۵۔۴۸) اللہ حضرت مریم کو طاہرہ، منتخب ہو اور پاکیزہ ہونے کی سند کے ساتھ عالمین کی عورتوں کی سردار قرار دے رہا ہے۔ کلمۃ اللہ۔ روح اللہ کی ماں اعجاز خدا کا مرکز۔ طہارۃ و پاکیزگی کا مرقع ایسے ان لوگوں کی اللہ تعریف کرتا ہے مرد ہو یا عورت۔ "عورت بھی خدا کی معزز مخلوق ہے۔"

ازواج نبی اعظم

ارشاد رب العزت: اَلنَّبِیُّ اَوْلٰی بِالْمُؤْمِنِیْنَ مِنْ اَنْفُسِہِمْ وَاَزْوَاجُہٗ اُمَّہٰتُہُمْ۔ نبی مومنین کی جانوں پر خود ان سے زیادہ حق تصرف رکھتا ہے اور نبی کی ازواج ان کی مائیں ہیں۔" (احزاب:٦) ازواج میں بدکرداری وزنا وغیرہ کا تصور نہیں۔ حرم رسول ہیں۔ ان میں اس طرح کی خرابی نہیں ہو سکتی۔ ارشاد رب العزت:

اِنَّ الَّذِیْنَ جَآءُوْا بِالْاِفْکِ عُصْبَۃٌ مِّنْکُمْ لَا تَحْسَبُوْہُ شَرًّا لَّکُمْ بَلْ ہُوَ خَیْرٌ لَّکُمْ لِکُلِّ امْرِیءٍ مِّنْہُمْ مَّا اکْتَسَبَ مِنَ الْاِثْمِ وَالَّذِیْ تَوَلّٰی کِبْرَہٗ مِنْہُمْ لَہٗ عَذَابٌ عَظِیْمٌ لَوْلَآ اِذْ سَمِعْتُمُوْہُ ظَنَّ الْمُؤْمِنُوْنَ وَالْمُؤْمِنٰتُ بِاَنْفُسِہِمْ خَیْرًا وَّقَالُوْا ہٰذَآ اِفْکٌ مُّبِیْنٌ لَوْلَا جَآءُوْا عَلَیْہِ بِاَرْبَعَۃِ شُہَدَآءَ فَاِذْ لَمْ یَاْتُوْا بِالشُّہَدَآءِ فَاُولٰٓئِکَ عِنْدَ اللّٰہِ ہُمُ الْکٰذِبُوْنَ۔

"جو لوگ بہتان باندھتے ہیں وہ یقیناً تمہارا ہی ایک گروہ ہے۔ اسے اپنے لئے برا نہ سمجھنا بلکہ وہ تمہارے لئے اچھا ہے۔ ان میں سے جس نے جتنا گناہ کمایا اس کا اتنا ہی حصہ ہے اور ان میں سے جس نے اس میں سے بڑا بوجھ اٹھایا اس کے لئے بڑا عذاب ہے۔ جب تم نے یہ بات سنی تھی تو مومن مردوں اور مومنہ عورتوں نے اپنے دلوں میں نیک گمان کیوں نہیں کیا اور کیوں نہیں کہا یہ صریح بہتان ہے۔ وہ لوگ اس بات پر چار گواہ کیوں نہ لائے۔ اب چونکہ وہ گواہ نہیں لائے ہیں تو وہ اللہ کے نزدیک جھوٹے ہیں۔" (نور:١١ تا ١٣) نبی اعظم کی زوجہ (عورت) پر تہمت لگی تو سختی کے ساتھ دفاع کیا گیا تاکہ عورت کی عظمت پر داغ نہ لگ جائے اور مومن مردوں کے ساتھ مومنہ عورتوں سے بھی کہا گیا

آپ لوگوں کی پہلی ذمہ داری تھی کہ دفاع کرتے۔ احکام میں دونوں برابر۔(مرد و عورت) اللہ کے احکام امہات المومنین کے نام۔ لیکن ان میں سب عورتیں شریک ہیں۔

ارشاد رب العزت ہے:

یَا اَیُّھَا النَّبِیُّ قُلْ لِّاَزْوَاجِکَ اِنْ کُنْتُنَّ تُرِدْنَ الْحَیَاۃَ الدُّنْیَا وَزِیْنَتَھَا فَتَعَالَیْنَ اُمَتِّعْکُنَّ وَ اُسَرِّحْکُنَّ سَرَاحًا جَمِیْلًا وَاِنْ کُنْتُنَّ تُرِدْنَ اللّٰہَ وَرَسُوْلَہٗ وَالدَّارَ الْآخِرَۃَ فَاِنَّ اللّٰہَ اَعَدَّ لِلْمُحْسِنَاتِ مِنْکُنَّ اَجْرًا عَظِیْمًا یَا نِسَاءَ النَّبِیِّ مَنْ یَّاْتِ مِنْکُنَّ بِفَاحِشَۃٍ مُّبَیِّنَۃٍ یُّضَاعَفْ لَھَا الْعَذَابُ ضِعْفَیْنِ وَکَانَ ذٰلِکَ عَلَی اللّٰہِ یَسِیْرًا وَمَنْ یَّقْنُتْ مِنْکُنَّ لِلّٰہِ وَرَسُوْلِہٖ وَتَعْمَلْ صَالِحًا نُّؤْتِھَا اَجْرَھَا مَرَّتَیْنِ وَاَعْتَدْنَا لَھَا رِزْقًا کَرِیْمًا یَا نِسَاءَ النَّبِیِّ لَسْتُنَّ کَاَحَدٍ مِّنَ النِّسَاءِ اِنِ اتَّقَیْتُنَّ فَلَا تَخْضَعْنَ بِالْقَوْلِ فَیَطْمَعَ الَّذِیْ فِیْ قَلْبِہٖ مَرَضٌ وَّقُلْنَ قَوْلًا مَّعْرُوْفًا وَقَرْنَ فِیْ بُیُوْتِکُنَّ وَلَا تَبَرَّجْنَ تَبَرُّجَ الْجَاھِلِیَّۃِ الْاُوْلٰی وَاَقِمْنَ الصَّلَاۃَ وَآتِیْنَ الزَّکَاۃَ وَاَطِعْنَ اللّٰہَ وَرَسُوْلَہٗ۔

"اے نبی اپنی ازواج سے کہہ دیجئے۔ اگر تم دنیاوی زندگی اور اس کی آسائش کی خواہاں ہو تو آؤ میں تمہیں کچھ مال دے کر شائستہ طریقہ سے رخصت کر دوں۔ لیکن اگر تم اللہ اور اس کے رسول اور منزل آخرت کی خواہاں ہو تو تم میں سے جو نیکی کرنے والی ہیں ان کے لئے اللہ نے اجر عظیم مہیا کر رکھا ہے۔ اے نبی کی بیویو۔ تم میں سے جو کوئی صریح بے حیائی کی مرتکب ہو جائے اسے دگنا عذاب دیا جائیگا اور یہ بات اللہ کے لئے آسان ہے اور تم میں سے جو اللہ اور رسول کی اطاعت کرے گی اور نیک عمل انجام دے گی اسے ہم اس کا دگنا ثواب دیں گے اور ہم نے اس کے لئے عزت کا رزق مہیا کر رکھا ہے۔ اے نبی کی بیویو۔ تم دوسری عورتوں کی طرح نہیں ہو۔ اگر تم تقویٰ رکھتی ہو تو (غیروں کے ساتھ) نرم لہجہ میں باتیں نہ کرنا کہ کہیں وہ شخص لالچ میں نہ پڑ جائے جس کے دل میں بیماری ہے اور معمول کے مطابق باتیں کیا کرو۔ اور اپنے گھر میں جم کر بیٹھی

رہو اور قدیم جاہلیت کے طریقت سے اپنے آپ کو نمایاں نہ کرتی پھرو۔ نیز نماز قائم کرو اور زکوٰۃ دیا کرو اور اللہ اور اس کے رسول کی اطاعت کرو۔ "(احزاب:۲۸ تا ۳۳) ان آیات میں بعض چیزوں سے روکا گیا اور بعض کا حکم دیا گیا تاکہ غلط روی سے عورت بچ جائے اور فضائل و کمالات سے اپنے آپ کو آراستہ و پیراستہ کرے۔ اس میں کامیابی و کامرانی کا راستہ ہے۔ قرآن مجید نے ازواج نبی میں سے دو کا تذکرہ کیا ہے چنانچہ اپنی طرف سے تبصرہ کے بجائے آیات اور ان کا ترجمہ پیش کیا جاتا ہے۔ ارشاد رب العزت۔

یَا اَیُّہَا النَّبِیُّ لِمَ تُحَرِّمُ مَا اَحَلَّ اللّٰہُ لَکَ تَبْتَغِیْ مَرْضَاۃَ اَزْوَاجِکَ وَاللّٰہُ غَفُوْرٌ رَحِیْمٌ قَدْ فَرَضَ اللّٰہُ لَکُمْ تَحِلَّۃَ اَیْمَانِکُمْ وَاللّٰہُ مَوْلَاکُمْ وَھُوَ الْعَلِیْمُ الْحَکِیْمُ وَاِذْ اَسَرَّ النَّبِیُّ اِلٰی بَعْضِ اَزْوَاجِہٖ حَدِیْثًا فَلَمَّا نَبَّاَتْ بِہٖ وَاَظْہَرَہُ اللّٰہُ عَلَیْہِ عَرَّفَ بَعْضَہٗ وَاَعْرَضَ عَنْم بَعْضٍ فَلَمَّا نَبَّاَھَا بِہٖ قَالَتْ مَنْ اَنْبَاَکَ ہٰذَا قَالَ نَبَّاَنِیَ الْعَلِیْمُ الْخَبِیْرُ اِنْ تَتُوْبَا اِلَی اللّٰہِ فَقَدْ صَغَتْ قُلُوْبُکُمَا وَاِنْ تَظَاھَرَا عَلَیْہِ فَاِنَّ اللّٰہَ ھُوَ مَوْلَاہُ وَجِبْرِیْلُ وَصَالِحُ الْمُؤْمِنِیْنَ وَالْمَلَائِکَۃُ بَعْدَ ذٰلِکَ ظَہِیْرٌ عَسٰی رَبُّہٗ اِنْ طَلَّقَکُنَّ اَنْ یُّبْدِلَہٗ اَزْوَاجًا خَیْرًا مِّنْکُنَّ مُسْلِمَاتٍ مُّؤْمِنَاتٍ قَانِتَاتٍ تَائِبَاتٍ عَابِدَاتٍ سَائِحَاتٍ ثَیِّبَاتٍ وَّاَبْکَارًا۔

"اے نبی! تم کیوں اس چیز کو حرام کرتے ہو جو اللہ نے تمہارے لئے حلال کی ہے۔ (کیا اس لئے) کہ تم اپنی بیویوں کی خوشی چاہتے ہو۔ اللہ معاف کرنے والا رحم فرمانے والا ہے۔ اللہ نے تم لوگوں کے لئے اپنی قسموں سے نکلنے کا طریقہ مقرر کر دیا ہے۔ اللہ تمہارا مولیٰ اور وہی علیم و حکیم ہے۔ (ترجمہ آیات از تفہیم القرآن مولانا مودودی) (اور یہ معاملہ بھی قابل توجہ ہے کہ) نبی نے ایک بات اپنی ایک بیوی سے راز میں کہی تھی۔ پھر جب اس بیوی نے (کسی اور) وہ راز ظاہر کر دیا اور اللہ نے نبی کو اس (افشاء راز) کی اطلاع دیدی۔ تو نبی نے اس پر کسی حد تک (اس بیوی کو) خبر دار کیا اور کسی حد تک اس سے در گزر کیا۔ پھر جب نبی نے اسے (افشاء راز کی) یہ بات بتائی تو اس نے

پوچھا آپ کو اس کی کس نے خبر دی۔ نبی نے کہا۔ مجھے اس نے خبر دی جو سب کچھ جانتا ہے اور خوب باخبر ہے۔ اگر تم دونوں اللہ سے توبہ کرتی ہو (تو یہ تمہارے لئے بہتر ہے) کیونکہ تمہارے دل سیدھی راہ سے ہٹ گئے ہیں اور اگر نبی کے مقابلہ میں تم نے باہم جتھہ بندی کی تو جان رکھو کہ اللہ اس کا مولیٰ ہے اور اس کے بعد جبرائیل اور تمام صالح اہل ایمان اور سب ملائکہ اس کے ساتھی اور مددگار ہیں۔ بعید نہیں کہ اگر نبی تم سب بیویوں کو طلاق دے دے۔ تو اللہ اسے ایسی بیویاں تمہارے بدلے میں عطا فرمادے۔ جو تم سے بہتر ہوں ، سچی مسلمان ، باایمان ، اطاعت گزار ، توبہ گزار ، عبادت گزار اور روزہ دار۔ خواہ شوہر دیدہ ہوں یا باکرہ۔ جناب مولانا مودودی کے ترجمہ سے واضح ہو رہا ہے (اور باقی تراجم بھی اسی طرح ہی ہیں) کہ حال پتلا ہے کچھ اچھا نہیں۔ خدا خیر کرے۔ (۱۴) جناب خدیجۃ الکبریٰ (زوجۂ رسول اعظم) واقعاً ایک تاریخ ساز خاتون جس نے گھر میں بیٹھ کر تجارت کی۔ مختلف دیار اور امصار میں پھیلی ہوئی تجارت کو سنبھالے رکھا۔ سب سے زیادہ مالدار۔ لیکن عرب شہزادوں ، قبائلی سرداروں اور رؤساء کے پیغام ہائے عقد کو ٹھکرا کر رسول اعظم سے ازدواج کیا اور عورت کی عظمت کو چار چاند لگا دیئے۔ عورت کھلونا نہیں۔ عورت عظمت ہے۔ عورت شرافت ہے۔ عورت جانتی ہے کہ میرا شوہر کون ہو سکتا ہے۔ سب کو ٹھکرا دیا کسی کی خوبصورتی ، مالدار ہونا سامنے نہیں رکھا بلکہ نور الٰہی کو پسند کر کے اللہ و رسول کی خوشنودی کو ترجیح دی۔ واہ رے تیری عظمت اے خدیجہ! خویلد کے اس معزز ترین خاندان کی فرد۔ جو تین پشتوں کے بعد چوتھی میں رسول اعظم سے مل جاتا ہے۔ تزویج سے قبل طاہرہ و سیدۂ قریش کے لقب سے پکاری جاتی تھی۔

قال زبیر کانت تدعٰی فی الجاھلیہ طاہرہ استیعاب بر حاشیہ اصابہ جلد ۴ ص ۲۷۹ کانت تدعی فی الجاھلیۃ بالطاہرہ وکان قیل لہا السیدہ قریش۔

(سیرت حلبیہ جلد۱، ص۱۸۷) حضور مدنی زندگی میں اکثر خدیجہ کا ذکر کرتے رہتے اور فرماتے تھے۔: رزقنی اللہ اولادھا و حرمنی اولاد النساء۔ خدا نے خدیجہ سے مجھے اولاد عطا کی جب کہ اور عورتوں سے نہیں ہوئی، کبھی ارشاد فرماتے: آمنت اذا کفر الناس و صدقتنی اذ کذبنی الناس۔ (اصابہ جلد ۴ ص ۲۸۳) وہ مجھ پر تب ایمان لائیں جب کہ لوگ منکر تھے اور انہوں نے میری اس وقت تصدیق کی جب لوگ مجھے جھٹلاتے تھے۔ تربیتی انداز میں قرآن مجید کی آیات (جن میں امہات المومنین ازواج نبی کو بعض چیزوں سے منع اور بعض کا حکم دیا گیا ہے) مدینہ میں نازل ہوئی ہیں۔ حضرت خدیجہ اس قدر تربیت یافتہ۔ سلیقہ شعار۔ خدا و رسول کے فرامین پر عمل پیرا۔ رسول اعظم کے اشاروں و کنایوں کو سمجھنے والی۔ رسول اعظم کی قلبی راز دار۔ کہ ان کے زمانہ میں ایسے احکام کی ضرورت ہی محسوس نہیں ہوئی۔ وہ خود عاملہ صالحہ مومنہ کاملہ تھیں۔ تاریخ عالم میں برگزیدہ و عظیم خواتین گزری ہیں لیکن رسول اعظم (صلی اللہ علیہ و آلہ وسلم) کے معیار (بہترین عادات و خصائل۔ اعلیٰ خدمات اور عظیم قربانیوں کے عنوان سے) چار عورتیں ہی پوری اتریں۔ قال رسول اللہ صلی اللہ علیہ و آلہ وسلم خیر نساء العالمین اربع۔ مریم بنت عمران و ابنۃ مزاح، امراۃ فرعون و خدیجہ بنت خویلد و فاطمہ بنت محمد۔ (استیعاب بر حاشیہ اصابہ۔ جلد ۴، ۳۸۴) نوٹ: مریم بنت عمران، اینہ مزا، زوجہ فرعون، خدیجہ بنت خویلد، فاطمہ بنت محمد یہ پانچ خواتین ہوتی ہیں جبکہ حدیث مین چار بتائی گئی ہیں۔ (۱۵) امہات المومنین میں سے زینب بنت جحش جناب زینب کے ساتھ حضور کی تزویج بڑا مشکل اور حساس مسئلہ ہے اللہ کے حکم ہی نے اس مسئلہ کو انتہا تک پہنچایا، یہ تزویج اللہ کی طرف سے ہوئی۔ جناب زینب فرمایا کرتی تھیں: میرے جیسا کون ہے سب کی شادیاں رسول اعظم کے ساتھ ان کی خواہش یا والدین کی طرف سے ہوئیں اور میری تزویج براہ راست خدا کی

طرف سے ہے۔ جناب زینب حضور کی پھوپھی زادہ، خاندان بنی ہاشم کی چشم و چراغ۔ لیکن حضور نے خود ان کی تزویج اپنے آزاد کردہ غلام اور پھر جس کو متبنیٰ (منہ بولے بیٹے) زید بن حارث کے ساتھ کی۔ کافی دیر ملاپ رہا لیکن اختلاف بھی رہا۔ بالآخر انہوں نے طلاق دے دی تو اللہ کا حکم ہوا کہ حضور شادی کر لیں۔ اب مشکل درپیش ہے۔ ا۔ متبنی۔ (منہ بولے بیٹے) کی زوجہ سے شادی کا فیصلہ ۲۔ آزاد کردہ غلام کی مطلقہ سے شادی وہ بھی حضور کی۔ لیکن اللہ کا ارادہ حکم بن کر آیا اور خدا کی طرف سے شادی ہو گئی۔ ارشاد رب العزت ہے:

وَاِذْ تَقُوْلُ لِلَّذِیْٓ اَنْعَمَ اللّٰہُ عَلَیْہِ وَاَنْعَمْتَ عَلَیْہِ اَمْسِکْ عَلَیْکَ زَوْجَکَ وَاتَّقِ اللّٰہَ وَتُخْفِیْ فِیْ نَفْسِکَ مَا اللّٰہُ مُبْدِیْہِ وَتَخْشَی النَّاسَ وَاللّٰہُ اَحَقُّ اَنْ تَخْشٰہُ فَلَمَّا قَضٰی زَیْدٌ مِّنْہَا وَطَرًا زَوَّجْنٰکَہَا لِکَیْ لَایَکُوْنَ عَلَی الْمُؤْمِنِیْنَ حَرَجٌ فِیْٓ اَزْوَاجِ اَدْعِیَآئِہِمْ اِذَا قَضَوْا مِنْہُنَّ وَطَرًا وَکَانَ اَمْرُ اللّٰہِ مَفْعُوْلًا مَا کَانَ عَلَی النَّبِیِّ مِنْ حَرَجٍ فِیْمَا فَرَضَ اللّٰہُ لَہٗ سُنَّۃَ اللّٰہِ فِی الَّذِیْنَ خَلَوْا مِنْ قَبْلُ وَکَانَ اَمْرُ اللّٰہِ قَدَرًا مَّقْدُوْرًا۔

"اور (اے رسول یاد کریں وہ وقت) جب آپ اس شخص سے جس پر اللہ نے اور آپ نے احسان کیا تھا کہہ رہے تھے۔ اپنی زوجہ کو نہ چھوڑو اور اللہ سے ڈرو۔ اور وہ بات آپ اپنے دل میں چھپائے ہوئے تھے جسے اللہ ظاہر کرنا چاہتا ہے اور آپ لوگوں سے ڈر رہے تھے حالانکہ اللہ زیادہ حقدار ہے کہ آپ اس سے ڈریں۔ پھر جب زید نے اس (خاتون) سے اپنی حاجت پوری کر لی۔ تو ہم نے اس خاتون کا نکاح آپ سے کر دیا تاکہ مومنوں پر اپنے منہ بولے بیٹوں کی بیویوں (سے شادی کرنے) کے بارے میں کوئی حرج نہ رہے۔ جب کہ وہ ان سے اپنی حاجت پوری کر چکے ہوں اور اللہ کا حکم نافذ ہو کر رہے گا۔" نبی کے لئے اس (عمل کے انجام دینے میں) کوئی مضائقہ نہیں جو اللہ نے اس کے

لئے مقرر کیا ہے۔ جو (انبیاء) پہلے گذر چکے ہیں ان کے لئے بھی اللہ کی سنت یہی رہی ہے۔ اور اللہ کا حکم حقیقی انداز سے طے شدہ ہوتا ہے۔" (سورہ احزاب آیت ۳۷۔۳۸)

اس میں کوئی شک نہیں کہ کائنات کی عظیم شخصیت اور سب سے برتر اور معزز شخصیت حضور کی ذات ہے۔ بعد از خدا توئی قصہ مختصر حضور کی محبت کا تقاضا۔ ان کے متعلقین سے پیار اور ان کی عزت کرنا ہے۔ لہٰذا ازواج نبی عزت و عظمت کی مالک ہیں۔ اللہ نے ان کو دو خصوصیات عطا کی ہیں۔ ا۔ ازواج نبی۔ مومنین کی مائیں ہیں۔

وَ اَزْوَاجُہٗ اُمَّھَاتُھُمْ۔ (سورہ احزاب آیت ۶) ۲۔ نبی کی ازواج سے اگرچہ طلاق ہو جائے کسی کو شادی کا حق نہیں۔ وَلَا اَنْ تَنْکِحُوْٓا اَزْوَاجَہٗ مِنْم بَعْدِہٖٓ اَبَدًا۔ سورہ احزاب آیت ۵۳ اور ان کی ازواج سے ان کے بعد کبھی بھی نکاح نہ کرو۔ لیکن اس میں کوئی شک نہیں کہ کچھ بے اعتدالی اور حد سے تجاوز ان سے بھی ہوا ہے حکم تھا کہ گھر میں جم کر بیٹھی رہو۔

وَاذْکُرْنَ مَا یُتْلٰی فِیْ بُیُوْتِکُنَّ مِنْ اٰیَاتِ اللّٰہِ وَالْحِکْمَۃِ اِنَّ اللّٰہَ کَانَ لَطِیْفًا خَبِیْرًا۔ "اور اللہ کی ان آیات اور حکمت کو یاد رکھو جن کی تمہارے گھروں میں تلاوت ہوتی ہے۔ اللہ یقیناً باریک بین خوب باخبر ہے۔" (احزاب۔۳۴) لیکن گھر سے باہر جانا ہوا حوأب کے کتوں نے بھونکتے ہوئے متوجہ کیا، پھر جنگ جمل کی کمان، نبی اعظم کے خلاف جتھہ بندی۔ سازش، اللہ کی طرف سے دل ٹیڑھے ہونے کا تذکرہ۔

اِنْ تَتُوْبَآ اِلَی اللّٰہِ فَقَدْ صَغَتْ قُلُوْبُکُمَا وَاِنْ تَظٰھَرَا عَلَیْہِ فَاِنَّ اللّٰہَ ھُوَ مَوْلٰہُ وَجِبْرِیْلُ وَصَالِحُ الْمُؤْمِنِیْنَ وَالْمَلٰٓئِکَۃُ بَعْدَ ذٰلِکَ ظَہِیْرٌ (سورہ تحریم:۴)

اللہ کی طرف سے دھمکی آمیز فرمان، تم کو طلاق بھی ہو سکتی ہے اور تم سے بہتر ازواج مل سکتی ہیں۔ اس سے واضح ہوتا ہے کہ عورت بڑے گھر میں رہنے کے باوجود عورت ہی رہتی ہے۔ بڑے گھر میں آنے سے حقیقی عظمت پیدا نہیں ہوتی۔ لیکن باین ہمہ

ازواج نبی انتہائی قابل عزت، قابل تکریم ہیں کوئی ایسا کلمہ نہ کہا جائے جو عظمت کے منافی ہو۔ خداوند عالم نے ایک طرف ازواج کی طرف سے رسول اعظم کے خلاف سازش۔ دل کا ٹیڑھا ہونے کا تذکرہ کیا ہے دوسری طرف نوح ولوط کی بیویوں کی مخالفت اور کفر کا ذکر کیا نیز زوجۂ فرعون کی عظمت اور مادر عیسیٰ کی تکریم وثناء کر کے واضح کیا ہے کہ صرف کسی نبی کی زوجہ ہونا کافی نہیں اصل میں دیکھنا یہ ہو گا کہ فرامین خداوندی پر کس قدر عمل ہوا۔ ارتباط بہ خدا کس قدر ہے نبی کی اطاعت کا پیمانہ کیا ہے۔ مثبت پہلو رکھنے والی زوجہ انتہائی عظیم۔ منفی پہلو رکھنے والی زوجہ اپنی سزا کی مستحق۔

حضرت فاطمۃ الزہراء

رسول اعظم (صلی اللہ علیہ و آلہ وسلم) کی اکلوتی بیٹی، پر عظمت بیٹی، معصومہ بیٹی جس کی رضا خدا کی رضا، جس کی ناراضگی خدا کی ناراضگی، باپ کا میوۂ دل، جس کے متعلق حضور کا فرمان۔ فاطمہ ہی ام ابیہا۔ بعقہ منی میرا ٹکڑا۔ مھجۃ قلبی۔ دل کا ٹکڑا۔ جس کی تعظیم کے لئے کھڑے ہو جاتے اپنی مسند پر بٹھاتے تھے۔ حضرت مریم علیہا السلام کی عظمت و طہارۃ قرآن میں مذکور۔ جناب فاطمہ زہراء کی عظمت کا ذکر قرآن مجید کر رہا ہے، سیدہ زہراء سلام علیہا کو قرآن نے مصطفٰی (فاطر۔ ۳۲) مرتضٰی (جن، ۲۷) مجتبیٰ (آل عمران :۱۷۰) اور پھر اذہاب رجس اور یطہر کم تطہیرا سے نوازا گیا (احزاب :۳۳)۔ فاطمہ زہرا، ان کے شوہر اور ان کی اولاد کی محبت اجر رسالت قرار پائی۔ (شوریٰ ۲۳) نصاریٰ نجران کے مقابل میں مباہلہ میں شرکت۔

اَلْحَقُّ مِنْ رَّبِّکَ فَلَا تَکُنْ مِّنَ الْمُمْتَرِینَ فَمَنْ حَاجَّکَ فِیْهِ مِنْم بَعْدِمَا جَائَکَ مِّنَ الْعِلْمِ فَقُلْ تَعَالَوْا نَدْعُ اَبْنَائَنَا وَ اَبْنَائَکُمْ وَنِسَائَنَا وَنِسَائَکُمْ وَ اَنْفُسَنَا وَ اَنْفُسَکُمْ ثُمَّ نَبْتَهِلْ فَنَجْعَلْ لَّعْنَتَ اللّٰهِ عَلَى الْکَاذِبِیْنَ

(آل عمران ۶۱) زہرا، حسین و زینب کبری کی ماں جنہوں نے جان و چادر دیکر اسلام کو زندہ و جاوید بنا دیا۔ فدک کی مالک فاطمہ، دربار میں خطبہ دینے والی فاطمہ، پانی جس کا حق مہر فاطمہ، جس کی تزویج پہلے عرش عُلیٰ پر پھر زمین پر ہوئی۔ فاطمہ، بس فاطمہ۔ فاطمہ، فاطمہ ہی ہے، فاطمہ و اولاد فاطمہ اللہ کے محبوب۔ جان کا نذرانہ پیش کرنے والے۔

جنہوں نے بچے دیئے، بھتیجے دیئے، بھانجے دیئے، بھائی دیئے، اصحاب و انصار دیئے، جان کا نذرانہ پیش کیا۔ چادر دی، ہتھکڑیاں و طوق پہنے جن کے ہاتھ پس پشت باندھے گئے۔ سیدانیوں کو درباروں، بازاروں میں پھرایا گیا۔ سب کچھ برداشت، سب کچھ قبول۔ کیوں؟ اسلام بچ جائے۔ انسانیت کی عظمت محفوظ رہے۔ انسانیت کی محافظ، فاطمہ بنت فاطمہ، اولاد فاطمہ۔ زینب (عورت) کی عظمت کہ حسین کے کارنامہ کو بازاروں، درباروں میں خطبہ دے کے واضح و آشکار کیا۔ جب بھی عورت کی عظمت میں تذبذب، شک ہو تو زینب، رباب، ام لیلیٰ، کلثوم، سکینہ کے کارنامے دیکھ لیا کرو۔ گردن جھک جائے گی۔ مرد قوام علی النساء۔ لیکن فاطمہ فاطمہ ہے۔ زینب زینب ہے۔ ان کی برابری کیسے ہو؟ عورت بیٹی، زوجہ، والدہ بیٹی اللہ کی طرف سے رحمت اور بیٹا نعمت ہے۔ نعمت سے رحمت کی اہمیت زیادہ ہوتی ہے رحمت ہی سے نظام چل رہا ہے۔ باران رحمت انسانی زندگی کے لیے عظیم تحفہ ہے بہر حال قرآن رحمت رسول اعظم (صلی اللہ علیہ و آلہ وسلم) رحمت، رحمت جباریت و قہاریت سے زیادہ وسیع ہے اور بیٹی بھی رحمت۔

جیسا کہ ارشاد رب العزت ہے:

اِذْ قَالَتِ امْرَاَةُ عِمْرَانَ رَبِّ اِنِّیْ نَذَرْتُ لَکَ مَا فِیْ بَطْنِیْ مُحَرَّرًا فَتَقَبَّلْ مِنِّیْ اِنَّکَ اَنْتَ السَّمِیْعُ الْعَلِیْمُ فَلَمَّا وَضَعَتْهَا قَالَتْ رَبِّ اِنِّیْ وَضَعْتُهَا اُنْثٰی وَاللّٰهُ اَعْلَمُ بِمَا وَضَعَتْ وَلَیْسَ الذَّکَرُ کَالْاُنْثٰی وَاِنِّیْ سَمَّیْتُهَا مَرْیَمَ وَاِنِّیْ اُعِیْذُهَا بِکَ وَذُرِّیَّتَهَا مِنَ الشَّیْطَانِ الرَّجِیْمِ فَتَقَبَّلَهَا رَبُّهَا بِقَبُوْلٍ حَسَنٍ وَّاَنْبَتَهَا نَبَاتًا حَسَنًا وَّکَفَّلَهَا زَکَرِیَّا کُلَّمَا دَخَلَ عَلَیْهَا زَکَرِیَّا الْمِحْرَابَ وَجَدَ عِنْدَهَا رِزْقًا قَالَ یٰمَرْیَمُ اَنّٰی لَکِ هٰذَا قَالَتْ هُوَ مِنْ عِنْدِ اللّٰهِ اِنَّ اللّٰهَ یَرْزُقُ مَنْ یَّشَآءُ بِغَیْرِ حِسَابٍ

"(اور وہ وقت یاد کرو) جب عمران کی عورت نے کہا کہ اے پروردگار جو (بچہ) میرے شکم میں ہے اسے تیری نذر کرتی ہوں وہ اور باتوں سے آزاد ہو گا تو میری طرف

سے قبول فرما بے شک تو بڑا سننے والا۔ جاننے والا ہے۔ پھر جب اسے جن چکی تو کہنے لگی، مالک۔ میں نے تو بیٹی جنی ہے۔ اللہ کے بارے میں بہتر جانتا ہے کہ جو اس (مادر مریم) نے جنا۔ اور بیٹا اس بیٹی جیسا نہیں ہو سکتا اور میں نے اس (بیٹی) کا نام مریم رکھا ہے اور میں اسے اور اسکی اولاد کو شیطان مردود سے تیری پناہ میں دیتی ہوں چنانچہ اسکے رب نے اسکی نذر (لڑکی) کو بوجہ احسن قبول کیا اور اس کی بہترین نشوونما کا اہتمام کیا اور زکریا کو اس کا سرپرست بنادیا جب زکریا اس کے حجرہ عبادت میں آتے تو اسکے پاس طعام موجود پاتے پوچھا اے مریم یہ (کھانا) تمہارے پاس کہاں سے آتا ہے۔ وہ کہتی اللہ کے ہاں سے۔ بے شک خدا جسے چاہتا ہے بے حساب رزق دیتا ہے۔")سورہ آل عمران آیت نمبر ۳۵۔۳۶۔۳۷۔

(عام طور پر نذر لڑکوں کی ہوتی ہے ادر مریم بھی پریشان ہوئی لیکن اللہ نے اس کی نذر کو بوجہ احسن قبول فرمایا ارشاد ہوا لیس الذکر کالا نثی یعنی لڑکا، لڑکی جیسا نہیں ہو سکتا معلوم ہوا کہ بیٹی کی اہمیت اس کام میں بھی (جس کی نذر کی تھی) بیٹے سے کم نہیں ہے کہ جسے بوجہ احسن قبول فرمایا گیا۔ پھر جب زکریا جیسے نبی ہی کھانا و طعام ملاحظہ فرماتے ہیں تو اللہ کی طرف سے ان نعمات کی آمد پر شکر بجالاتے۔ بیٹی کی عظمت کی دلیل بیٹی کی اہمیت کا اندازہ اس سے لگایئے کہ خدا نے رسول اعظم (صلی اللہ علیہ و آلہ وسلم) کو بیٹی ہی دی۔ صرف ایک بیٹی۔

لیکن وہ اس عظمت کی مالک کہ جب تشریف لاتیں تو رسول اعظم (صلی اللہ علیہ و آلہ وسلم) بنفس نفیس تعظیم کے لیے کھڑے ہو جاتے۔

جب ارشاد رب العزت ہوا: وَآتِ ذَا الْقُرْبٰى حَقَّه۔ "قریبی رشتہ داروں کو انکا حق دیا کرو۔" (بنی اسرائیل:۲۶)

تب رسول اعظم (صلی اللہ علیہ وآلہ وسلم) نے جناب فاطمہ الزہرا کو فدک دے دیا۔ الدر المنثور جلد ۴ ص ۳۲۰ روایت حضرت ابن عباس۔

اسی طرح ارشاد رب العزت ہے:

قُلْ لَا أَسْأَلُكُمْ عَلَيْهِ أَجْرًا إِلَّا الْمَوَدَّةَ فِي الْقُرْبَىٰ "کہہ دیجیے کہ میں اس تبلیغ پر کوئی اجر نہیں مانگتا سوائے اپنے قریب ترین رشتہ داروں کی محبت کے۔" (سورۂ شوریٰ: ۲۳)

اس آیت میں بھی قربت کا محور جناب سیدہ ہیں۔

مزید ارشاد رب العزت ہے: إِنَّمَا يُرِيدُ اللَّهُ لِيُذْهِبَ عَنْكُمُ الرِّجْسَ أَهْلَ الْبَيْتِ وَيُطَهِّرَكُمْ تَطْهِيرًا۔ "اے اہل بیت اللہ کا ارادہ بس یہی ہے کہ ہر طرح کی ناپاکی کو آپ سے دور رکھے اور آپ کو ایسا پاکیزہ رکھے جیسے پاکیزہ رکھنے کا حق ہے۔" (سورۂ احزاب: ۳۳)

آیت تطہیر کا محور بھی جناب سیدہ دختر رسول اعظم (صلی اللہ علیہ وآلہ وسلم) ہیں چنانچہ وقت تعارف کہا گیا ہے ہم فاطمۃ وابوھا وبعلھا وبنوھا یعنی مرکز تعارف بیٹی ہی بن رہی ہے۔ عورت (بیٹی) کا مقام سیدہ زینب بنت علی کیوں نہ ایک اور بیٹی کا ذکر بھی کر دیا جائے جس نے باپ کے زانو پر بیٹھے ہوئے پوچھا تھا بابا آپ کو ہم سے محبت ہے۔

حضرت نے فرمایا تھا جی ہاں عرض کی یہ ہو سکتا ہے کہ اللہ سے محبت بھی ہو اور بیٹی سے محبت بھی ہو پھر خود کہا ہاں۔ اللہ سے محبت۔ بیٹی اور اولاد پر شفقت ہے۔ کیا کہنا عظمتِ ثانی زہراء۔ کیا شان ہے دختر مرتضیٰ کی جس نے اپنے خطبات سے اسلام کو زندہ و پائندہ بنا دیا۔ حق کو روز روشن کی طرح پوری دنیا کے سامنے واضح کیا کہ حسین۔ باغی نہیں نواسۂ رسول (صلی اللہ علیہ وآلہ وسلم) ہے۔

بہر حال تم بیٹی یعنی عورت کو کم درجہ کی مخلوق نہ سمجھو مرد کے کام کی تکمیل عورت ہی کرتی ہے عورت و مرد کا کوئی فرق نہیں ہے۔ معیارِ تفاضل صرف تقویٰ اور ارتباط بہ

خدا ہے۔ عورت... زوجہ شادی اور تزویج فطرت کی تکمیل ہے۔

حدیث میں ہے کہ شادی کے بغیر مرد کا دین آدھا ہے تزویج سے اسکے دین کی تکمیل ہوگی۔ بعض روایات میں غیر شادی شدہ مرد کو بدترین کہا گیا ہے۔

ارشاد ہوتا ہے۔ شراء کم عزابکم تم میں سے بدترین افراد غیر شادی شدہ ہیں۔(تفسیر مجمع البیان)

شادی ہی سے اجتماعیت کا تصور پیدا ہوتا ہے اس وقت انسان خود سے ہٹ کر سوچنے کا سلسلہ شروع کرتا ہے۔ قرآن مجید نے دعا کی تلقین کی ہے اے انسان یہ دعا طلب کیا کر:

رَبَّنَا هَبْ لَنَا مِنْ أَزْوَاجِنَا وَذُرِّيَّاتِنَا قُرَّةَ أَعْيُنٍ "پروردگار ہماری ازواج اور ہماری اولاد سے ہماری آنکھوں کو ٹھنڈک عطا فرما۔" (سورہ فرقان: ۷۴)

ارشاد رب العزت ہے: وَأَنْكِحُوا الْأَيَامَىٰ مِنْكُمْ وَالصَّالِحِينَ مِنْ عِبَادِكُمْ وَإِمَائِكُمْ إِنْ يَكُونُوا فُقَرَاءَ يُغْنِهِمُ اللَّهُ مِنْ فَضْلِهِ وَاللَّهُ وَاسِعٌ عَلِيمٌ

"تم میں سے جو لوگ بے نکاح ہوں۔ اور تمہارے غلاموں کنیزوں میں سے جو صالح ہوں ان کے نکاح کر دو اگر وہ نادار ہوں تو اللہ اپنے فضل سے انہیں غنی کر دے گا اور اللہ بڑا وسعت والا علم والا ہے۔" (سورہ نور: ۳۲)

انسانیت کی بقا کے لیے سلسلہ تناسل کا جاری رہنا ضروری ہے سلسلہ تناسل کے لیے عورت اسکا لازمی جزو ہے۔ انسانیت کی بقاء مرد و عورت دونوں کی مرہون منت ہے مرد کی طرح عورت بھی اہمیت رکھتی ہے۔ عورت کا وجود لازمی اور ضروری ہے۔ اس لیے حکم دیا گیا کہ بے نکاح لوگوں کے نکاح کرو یعنی ایسے اسباب مہیا کرو کہ ان کی شادی ہو سکے نکاح کے اسباب وسائل مہیا کرو تا کہ صالح مرد اور صالحہ عورتوں کے ملاپ سے انسانیت

کی بقاء ہو۔

بہر حال اسلام نے بہترین توازن پیدا کیا اور ایسا نظام دیا جس میں ان دونوں کی عزت، عظمت اور اہمیت ظاہر رہے۔ خطبہ طلب زوجہ بھی (شادی کرنے کی خواہش کا اظہار) مرد کی طرف سے ہے برات مرد کی طرف سے ہے لیکن برأت کے آنے سے نکاح کا صیغہ عورت کی طرف سے ہو گا۔ گویا عورت برات کا استقبال کر رہی ہے۔ ایجاب عورت کی طرف سے ہو رہا ہے۔ اب اس عزت و احترام کے ساتھ عورت کا ورود مرد کے گھر میں ہوتا ہے تاکہ عورت (زوجہ) کی اہمیت واضح ہو جائے۔ مرد سمجھے کہ کسی نے اپنے جگر کا ٹکڑا اس کے پاس امانت کے طور پر رکھوایا ہے۔ اسی لیے تو اس لڑکی کا باپ یہ کہہ رہا ہوتا ہے کہ میری امانت آپ کے حوالے ہے۔

※ ※ ※

سیرت النبیؐ سے منتخب شدہ کچھ مفید واقعات

پیارے نبیؐ کا سلوک

مرتبہ : اعجاز عبید

بین الاقوامی ایڈیشن جلد منظر عام پر آ رہا ہے